國民理財
Let's finance

國民理財
Let's finance

就拿2,000元

學買股票

Let's finance！ Studio 編著

恆兆文化

國家圖書館出版品預行編目資料

就拿2,000元，學買股票 / Let's finance! Studio 編著.
-- 臺北市：恆兆文化，2004 [民93]
176面；14.8×21.0 公分 --（國民理財系列；3）
ISBN　957-29466-0-9（平裝）
1.證券 2.投資
563.53　　93001999

國民理財系列（03）

就拿2,000元，學買股票

發行人　張 正
總編輯　鄭花束
特約主編　尤美玉
作者　Let's Finance ！ STUDIO
美術編輯　Mac麥客張（mac@book2000.com.tw）
插畫　林心雁（a4041a@yahoo.com.tw）
出版社　恆兆文化有限公司（http：//www.book2000.com.tw）
統一編號　16783697
電話　02-33932001
傳真　02-33932016
地址　台北市仁愛路二段7之1號4樓
出版日期　2004年8月一刷　2004年11月二刷
ISBN　957-29466-0-9（平裝）
劃撥帳號　19329140
戶名　恆兆文化有限公司
定價　149元
總經銷　農學社股份有限公司　電話 02-29178022

【出版源起】

國民理財--寫給愛自由的人

錢跟生活絕對有關，每天上班下班、買東西賣東西(出賣勞力或智力)，大半的時間離不開錢，但是，日復一日我們的腳步匆匆，其實沒有太多空的頭腦來想一下，拼命賺錢目的在幹嘛--買房子?一個夢想已久的旅行?供孩子過好日子?還是有點小擔心的退休計畫?

「只要有錢，這些都解決了!」許多人常有這種迷思。

有錢就能解決一切嗎?我們的觀察不是如此的。

我們相信每一個世代、每一種人創造財富的手段與花錢方式不同，正確的進行財富分配與資產管理，才是讓生活更有活力的方式。

所以，如果你愛敗家，就別不承認，重點在於要懂得精明理財；如果你是草莓世代，那麼就用草莓世代的方法大膽地規畫財富，日子同樣可以很自由。

《國民理財系列》不把獲利多少當成最終目的，而重視如何讓不同族群的人們都有健康的理財生活，天天都有幸福的感覺。

恆兆文化

【作者序】

就拿2000元，學買股票

從現在起，股票市場是一隻存錢豬，一隻擺在網路「我的最愛」的撲滿豬。

今天拿到1,000元全勤獎，趁主管上廁所的兩分鐘時間，火速上網下單--零股，買，20股，台積電，50元/股。酷啊!今天才花30秒時間就買定離手！主管可能連洗手間的門都還沒有走到。

不止今天，明天、後天、大後天，不管是1,000、2,000元，只要你爽，就把它們全丟到股市，這是因應網路下單很美妙的一種小零錢投資方法。

其實，投資股票沒有那麼嚴肅，總而言之，買股票就是買這家公司的股份，就像跟人合夥做生意一樣，而且它比作生意靈活得多，幾乎可以接受你隨時加入與退出，也幾乎大小金額來者不拒，看好一家公司的時候，有錢你可以買幾百「張」，沒那麼多錢，也接受你只買幾「股」，外加現在很方便的下單方式，若擔心身上的錢老是存不住，沒事逛個街就被花掉，那麼，就試試股票理財。

本書對股票投資方式有新的STYLE，如果你的理財方式向來是長髮披肩或小西裝頭，不妨試試換個 NEW LOOK。

還不會買賣股票的，現在就開始學吧！

恆兆文化　編輯部

目次

就拿2,000元，學買股票

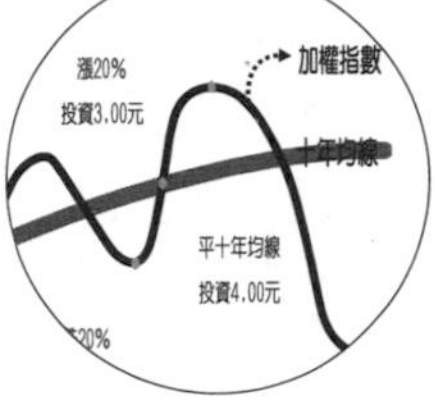

PART 2

認識股票與股市

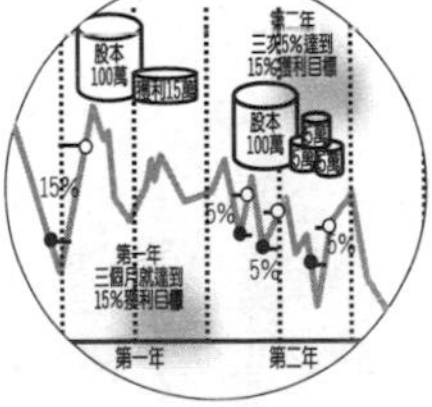

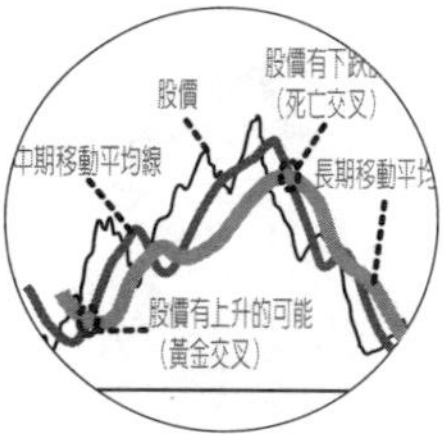
股價
(死亡交叉)
股價有上升的可能
(黃金交叉)

PART 5

不錯用的投資策略

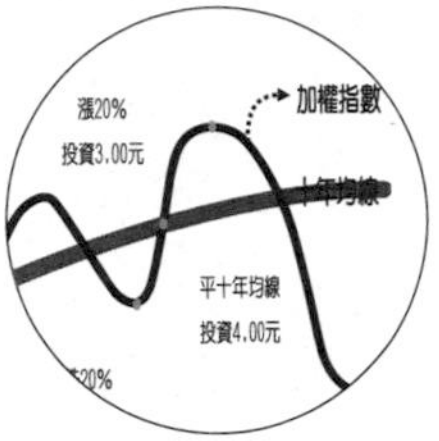

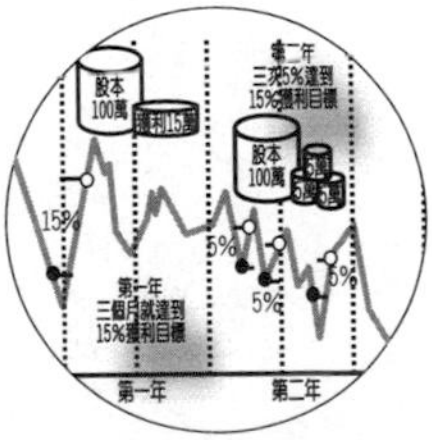

Buy stocks by
$2,000.

PART 0

●●●

用2,000元開始你的投資

利用小零錢，

再配合網路下單，

股票投資其實有另一種面貌。

換個心情與方法，

就從小錢開始你的千萬儲蓄計畫吧！

認識友善又迷人的零股

從2000元買進第一支股票

「股票？想學著買買看，可是，一直沒有錢耶……」

如果你有這種疑慮，大約是被每天的報章媒體給誤導了，因為聽到和股票有關的總是幾億幾千萬，好像「做」股票得一定存上一大筆錢似的。

其實，一般媒體上所關注的有關股票的新聞，大都以張為單位（1,000股），舉例說：

A家公司的股票目前的市價是30元。

如果你要買這一張股票得花上30元×1,000股＝30,000元。

對一般年輕的上班族或學生而言當然很貴，為了要買這張股票可能得「祭」出一整個月的薪水或一整年的零用錢。

其實股票買賣可以不要買到「一張」，只要買「幾股」一樣很好投資，而且雖然我們只買幾股，也別以為公司會厚此薄彼。對上市公司而言，別人拿幾億買他們家股票跟我們拿幾千塊買他們家的股票，都一樣叫做「股東」，都享有股東該有的權利——包括這家公司有賺錢時，可以配息配股；股價上漲時，可以享有股票增值的差價。而且，如果你是小額分批買進，還有分散風險的作用。

2,000元如果是你可接受的數目，那麼我們就從2,000元開始學買股票吧！

先來小算一下手上2,000元的投資，如果用來買市價30元的股票，大約是66股（2,000÷30＝66…20），而這66股股票我們稱它為「零股」。

如果你覺得那麼少的錢，拿到裝潢豪華的證券營業大廳買股票，覺得怪怪的，那麼，網路下單可就半點也不尷尬，因為對著電腦買賣，who care?

零股買賣實務

我們將每1,000股稱為「一張股票」，對於那些不足一張的就叫它零股或畸零股。零股大都是來自於股票股利。一般投資人因為零股的金額小，所以，大都會把它湊成整數（1,000張）方便買賣；也有人一收到零股就把它賣掉；有些則當成長期投資的一部分，讓它每年利上加利，產生複利效果，雖然可能金額不大，但零股投資好處實在很多。

如果你手上金錢有限，不想湊成一筆錢才進行股票投資，也不想遷就價錢而買了一些自己並不想要的便宜股票，那麼，就買零股吧！

零股和一般股票交易有何不同

一般的證券公司都接受零股買賣，它和一般股票交易不同的地方有三點：

1.零股交易價錢是固定的。

零股委託輸入時間在星期一～五，每天的下午03：00～04：00，所以，投資人在下午04：00以前申報買賣零股都算有效。在申報日後的下一個營業日的09：30以後會有成交回報，它的買賣價格是依收盤價為準，所以是固定的，成交順序是按照電腦的隨機排列，成交順序也不受下單時間的影響。

2.以當天該股票的收盤價扣0.5%為買、賣價格。

因為零股買與賣都會扣0.5%，為了省去這個損失，一般會把零股湊成1,000股（一張）再賣，這樣就可以減少損失了。

3.易發生想買不一定買得到，想賣不一定賣得掉的情形。

股票的交易本身就是一種供需，向來就沒有所謂「要買一定買得到，要賣一定賣得掉」的鐵則，只不過說在集中交易市場裡因為流通性比較高，所以買賣股票比較容易，而零股的流通性沒有像集中市場那麼熱絡，所以可能會發生你想買100股，卻只買到60股或根本買不到的情形。

賣的情況也一樣，也許你希望賣100股，但成交時只賣掉2股，或者完全賣不掉。所以，建議喜歡買零股當儲蓄的人，要賣的時候還是湊成1,000股（一張）再到集中市場上賣，一來成交比較容易，二來也可減少那0.5%的差價了。為了讓讀者快速了解零股交易的流程，以下以小玫的實例演算：

8月4日（一）小玫在下午1：30股市收盤時到看甲公司的股價是120元，於是上網委託買進50股該公司的零股。

8月5日（二）早上09：00打開電腦，小玫檢查成交回報，結果並沒買到50股，她只買到了38股。她要繳的股款一共是4,580元。這筆錢必需在8月6日（三）早上09：00以前匯進股票專用帳戶。

股款：120元×38股＝4,560元

手續費：4,560×0.1425％＝6元

由於交易手續費規定最低為20元，所以

總共：4,560＋20＝4,580元

長期複利的好工具

股票能為你的理財生活作什麼

一般人總認為零股總金額那麼少，對理財作用不大，其實選對股票加上健康的投資方式，就算再少的錢一樣具有「利上滾利、用錢賺錢」的複利效果。

舉個例子來說明吧！

2002年買進A公司股票的零股300股，當時每股的價錢是70元，也就是說，當年你花了300×70＝21,000元買了這些零股。

這家公司經營平穩，連續4年，每年均配2元股票股利，那麼到了2006年時，你當年買的300股零股，已經變成622.08股。如果這家公司的股價從2002年的70元漲到2006年的80元，你賣掉手上的持股，一共可以得到：(本例先不考慮手續費與稅)

622股×80元＝49,760元。

減去當年的進價，這筆投資共賺了:

49,760-21,000＝28,760元。

以投資報酬率來計算，四年來股票操作的總獲利率是:

28,760÷21,000=137%

【A公司零股複利效果一覽表】

年度	投入資金	股票自己長股票的結果
2002年（第一年）	21,000元	300股
2003年（第二年）	0	300×（1＋20%）＝360股
2004年（第三年）	0	360×（1＋20%）＝432股
2005年（第四年）	0	432×（1＋20%）＝518.4股
2006年（第五年）	0	518.4×（1＋20%）＝622.08股
註：若公司配發現金股利而非股票股利，除非你把所配發的現金再買股票，否則股票就不會自己長股票了。		

不管你買的是一整張股票還是零股，複利的算法是一樣的，在此特別提出，只是提醒讀者，不要忽視零股這種小額投資的價值。

另外，如果你很細心，一定看出來了，要有這麼高的獲利報酬（幾乎每年34%），投資人必需「兩頭賺」--既賺了股票股利（每年2元股利），又賺了買低賣高（70元買，80元賣）的差價，另外，還有一個重要的因子就是時間！

為什麼鼓勵讀者試著思考零股投資方式呢?

除了分散進價風險並負擔輕之外，它的高期望報酬若能配合「零存整付」的理財概念，搭配定存、保險這些保本投資，將是家計規畫中非常好的理財工具。

一個健康的理財方法，除了必須有定存、保險等這些讓生活安全有保障的投資方式之外，也應該有適當的比例讓資金去追求較高的期望報酬率。

每月2,000報酬率1%，30年就有700萬

假設你每個月拿2,000元投資股票，如果每一個月賺1%，持續30年，賺的錢不再拿回來，而是以利滾利的方式操作，你可以利用本書的附錄，查對(月)複利終值表。

以本例來講，每月獲利1%，也就是年利率12%，30年的期數是360期，其對應的終值是3494.9641，算得最後的本利和就是:

3494.9641×2,000元=6,989,928(近7百萬元)

2,000元/月對一般人來說，不知不覺花掉了大概也不太懂得痛，但若能進行有計畫的長期規畫，先算一算把它利用後的

「結果」有多麼偉大，或許就更能激勵你立刻進行理財規畫，所以，別以為小錢就不能理財，更別誤會小錢就沒有那種條件去追求高報酬的理財計畫。

如果你的目標是存到一千萬，本來每月投資2,000，只要提高到每月投資2,859，就達到目標了。

再算一算用年投資報酬率的本利和好了

如果你每年拿5萬元的年終獎金投入股市，年報酬率設定是15%，假設一切很順利10年後這筆獎金一共可以有的本利和?

你可以查「年金複利終值表」，其對應的終值是20.3037，所以算出來的本利和是:

20.3037×5萬=1,015,185(1百多萬)

以上兩個例子，都是「賺」的好例子，但理財的一個鐵則是高報酬者必然高風險，雖然股票的遊戲規則，可以讓人賺到比銀行定存、基金更高的期望報酬，但相對的風險的控管就更需用心。

本書除了用很淺潛易懂的方式帶領股市新鮮人學習股票入門知識外，在如何規避風險與資產配置上也多有著墨，願與所有的讀者共享之。

Understand the goal of your investment!

PART 1

●●●

確認你的投資目的

投資目的在獲利，但是許多人到最後會變成：

「證明自己對」、「把自己變成股票專家」

……這個很恐怖喔！

務實的人都寧願被叫成「股票呆子」，

只要賺到錢就好了。

如何把錢賺進口袋？而不陷入數字迷思？

祕訣在於家計規畫。

檢查你的投資實力(一)

家庭產負債表

投資股票第一步不是要了解投資對象的財務狀況，而是應該認真的把自家財產先檢視一番，可不能銀行裡有多少錢就以為可以買多少股票，最好的方式是先把錢的素質（來源）掌握清楚，將長錢、中錢、短錢分開來進行不同的投資運用。

如何掌握長、中、短錢請不要落入「概念性」的想法，趕快利用右頁的表格，先了解自己的資產負債狀況。如果你是比較保守的人，或年齡超過50歲以上，建議資產負債表顯示是「正」值的時候才開始買股票；若你的資產負債表顯示是「負」的，卻很想投資建議你不要太衝動，必須在下一節家庭每月損益表為「正」值時再買，這樣比較安全。

Column

買股票前，要問自己三件事：

1.有房子嗎？　2.有錢嗎？　3.有沒有想好策略？

家庭資產負債表

我家的財產	我的負債
房子市值＝	房子貸款＝
車子市值＝	信用卡未付總額＝
股票市值＝	現金卡未付總額＝
基金市值＝	信用貸款未付總額＝
黃金或值錢的東西市值＝	借來的錢＝
活會已繳的會錢＝	其他負債＝
現金＝	
活儲＝	
定存＝	
合計＝ （a）	合計＝ （b）
財產（a）－負債（b）＝	

檢查你的投資實力(二)

家庭損益表

如果你想要賺到「素質優良」的錢，可以短期讓你去國外玩一玩、長期存個退休金之類的，錢的來源得「素質優良」，也就是它必須是閒錢。

什麼叫「閒」錢？

如果前一節資負表算出來是「正」的，表示你有閒錢的條件，但要客觀的找出閒錢，還是要從家裡每月的損益算起。你會說「雖然手上沒現金，但我有房子、有定存。」假設是這種情形的話，最好先把家裡現金整理出來，規畫出可以買股票有多少錢，千萬別發生：「因為要繳這個月的房租，只好賣股票！」如果是這樣，要在股市裡賺到素質優良的錢，就很難。

Smart

若有人「錢的素質」有問題，卻在股市賺了錢，絕對不是件好事，甚至可以說成是魔鬼的誘惑——一開始所展現的是聰明與甜美，但它的目的是要把你的錢吃乾抹淨！

家庭每月損益表

每月收入	每月開銷
固定收入（夫）＝	房貸（租）＝
固定收入（妻）＝	汽車貸款＝
加班＝	會錢（死、活會均算）＝
外快＝	生活費（含交通）＝
定存利息＝	保險費＝
其他常態性月收入	水費＝
房租＝	電費＝
	瓦斯費＝
	其他固定支出
	網路專線費＝
合計＝ （a）	合計＝ （b）
每月收入（a）－每月開銷（b）＝	

⇨⇨ 檢查你的投資實力(三)

家計比例表

家裡財務分配亂七八糟，還能在股市賺錢，除了短期的運氣之外，沒有別的解釋。

家計比例能算出你每月合理投資的錢可以是多少?並平日家計分配有沒有失衡的地方。

什麼叫「家計失衡」?譬如說單身且沒有負擔居住費(房租或房貸)，正常來說，如果月入4萬，置裝費應該控制在4仟(10%)才合理(見「黃金比例表」)，但如果你每個月都花萬把塊買衣服，那就是家計配置失衡了。

每個家庭可能失衡的地方都不一樣，有些是小孩教育費太恐怖了，比方說夫妻每月薪水是10萬元，合理的教育費是5%，也就是每月5,000，但不少家庭沒有精算，讓孩子又學才藝又補習每個月高達1、2萬元，因為是很正當的教育費「想」起來沒有什麼，但若是仔細把比例拿來算一算，就十分嚇人;有些家庭是交通費花太多，例如月入5萬的單身族若買車代步，即使車子是長輩買的，數數周邊的耗費通常都超過合理的比例。

家計比例無關你的收入，而是一種配置技巧的問題，其實，不管你投不投資股票，都該拿來算一算。

以儲蓄為導向的家計方式

一般人計算家計的邏輯都是——收入５萬，扣掉生活費２萬、扣掉房租１萬、扣掉置裝費5,000…… 一路算下來，最後才規畫「有多少錢可以儲蓄」。

你不妨用「倒過來」的方式試試看，就是：先計畫要儲蓄多少，再扣房租、水電，最後才是生活費。這種「倒過來」的算法屬於「量入為出」的規畫，比較容易找出錢來進行投資！

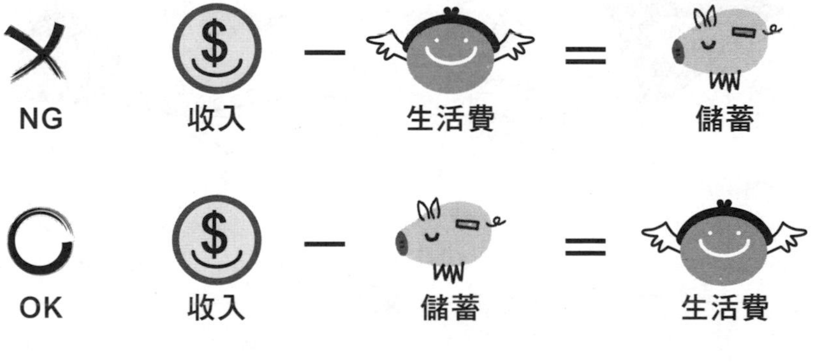

【黃金比例表】

單身，沒居住費

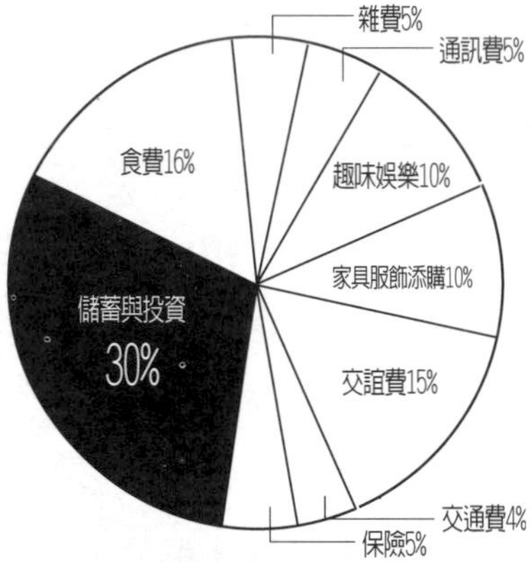

單身，有居住費

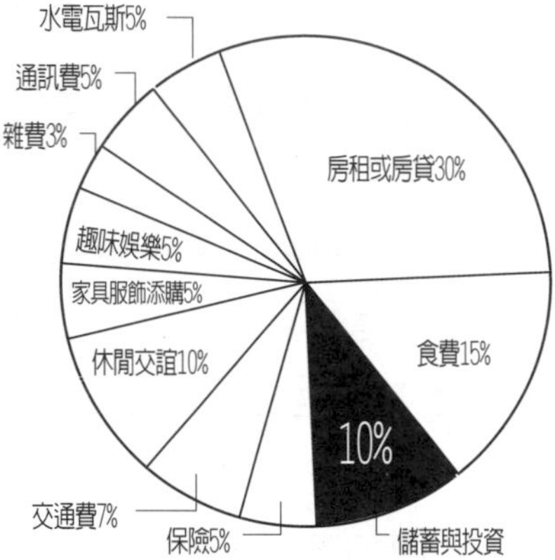

雙薪有居住費，無小孩

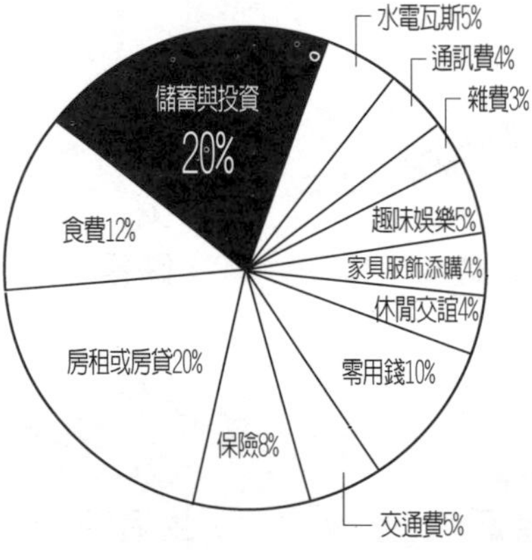

雙薪有居住費，有小孩

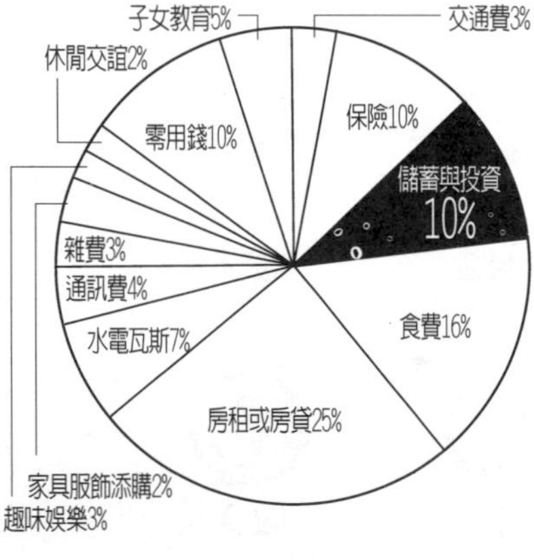

【我的家計支出試算】

	家計項目	黃金比例	實際金額	實際比例	+or−
項目	每月收入	100 %	元	100 %	
	食費	%	元	%	
	居住費	%	元	%	
	水電、瓦斯	%	元	%	
	通訊費	%	元	%	
	日用雜費	%	元	%	
	娛樂費	%	元	%	
	置裝費	%	元	%	
	交際費	%	元	%	
	零用金	%	元	%	
	子女教育	%	元	%	
	其他	%	元	%	
	保險費	%	元	%	
	儲蓄	%	元	%	
		%	元	%	
		%	元	%	
		%	元	%	
		%	元	%	
		%	元	%	
		%	元	%	
支出合計		100 %	元	100 %	

檢查你的投資實力(四)

分配長、中、短錢

可以用多少錢投資股票、多少報酬率是合理的呢?

有一個很簡單的思考方向，想三秒鐘就能懂了——錢借出去的時間愈長，就應該有愈高的報酬期望值。

錢放口袋，要用隨時有，就不可能期待它自己長錢出來；錢放定存，要用時得等約定時間到，就可以期待得到相對的報酬率；買政府公債，十年還本的一定比三年還本的利息高。投資的道理都是一樣的，因為你把錢借出讓別人使用，借得愈長，別人能發揮的空間愈多，自然就願意付你較高的利息，而你也因為錢借給人愈久，風險就愈高，拿較多的利息是合理的。

從這個道理往回推，投資（可以把它想成是把錢借出）企圖每一個部份都賺到「快錢」是不合理的，但不合理並不表示不可能。例如，股票一個漲停板就是７％，多頭行情可能２小時賺到，但作定存可得漫漫長長等１年才有２％。

因此，聰明的人應該進行資產管理，搭配不同的理財工具，以期降低風險並提升投資回報。

【閒錢規畫比率表】

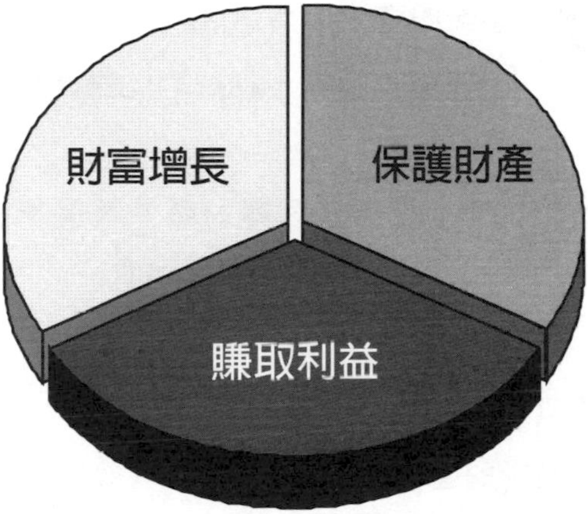

第一等份

以保本為投資標的，如定存、政府債券。

以安全為前題，通常是指將錢短期借貸給信用可靠的借方，像是銀行、政府。

因為時間很短，借方就很難把這筆錢拿去作大動作的投資，所以，這種投資方式可取得利息也很少，但能保障錢財受到安全保護，它的利息最多就只能抵銷通貨膨脹（３～４％）。

第二等份

報酬率大過通膨為目標。如:企業債券、公用事業股票，投資信託。

以收益為目標，利息約比通貨膨脹（３～４％）高一點點。

可以接受借出資金比上述的「保護財產」較長一點的時間，但預期回報也比較高，作為把錢借出去的補償。

第三等份

股票、基金、地產等等。

以追求財富成長為目的，可以忍受長期的借出資金，但利用時間與風險博取較高的利潤。它的理財目標通常在年利率１５％以上。

Column

什麼叫債券？

簡單說就是借貸的合約，屬於證券的一種。

借用人（通常是政府或公司）給予貸方（投資人）一定利息以借用貸方的金錢，並在約定的時間點歸還本金。

⇨⇨ 檢查你的投資實力(五)

20年理財規畫

買賣股票是為獲利，而不是帳面上的數字，為了幫助自己更清楚的看到理財的全貌，你可以從現在往後推20年，把家人成員、年齡、工作、生涯等寫下來「好好地想一想」。

若你覺得本書的所有表格不錯用，但表格太小，建議不妨購買由我們出版社每年所發行的「家計簿」，不但有20年規畫表，而且還有很聰明的日式記帳法，可以自動在月初就幫你把生活費、卡費、投資的錢通通算得清清楚楚。不只是投資而且是生活理財很實用的手邊書，可以幫助現代人生活得很有元氣！

■ 20年投資計畫表

小強和美美準備結婚，計畫三年後生小孩，以下是他們一起寫下的生活計畫表，尚未實現的部分雖然兩個人都覺得「也不是很有把握」，但真實的情形是，如果不現在就規畫並想辦法的話，一天混過一天，到時候可能連孩子都不敢生了。

填寫方法

①

你可以以三年為一個階段，依序寫下自己的長期理財大事紀，諸如:購屋、創業、購車等等。

②

家庭成員隨著年齡或小孩出生，收支會起大變化，在進行理財規畫時，一定要詳細考慮進去，若可以預期得到的就一定要預留準備金。空白處可以寫下自己的希望，諸如加薪、升遷、創業、進修等等。

③

配合家庭成員年齡，很容易就能想到當年度會有什麼重大的開支，或是工作上的收入變異。掌握家庭現況之後，除了算算自己的收入之外，如何運用底下的投資規畫就更清楚了。

④

你的理財項目有那些？各準備投資多少，因選用的理財工具不同，預期年報酬率就不同，如何均衡保本與追求高報酬，就看你的規畫功力了。

plan ahead

20年投資規劃表

		2004年	2005年	2006年	2007年	2008年	2009年	2022年	2023年	2024年
① 長期理財規劃		購車頭期款25萬 存60萬創業金			購屋自備款150萬 存30萬教育金			環遊世界80天 150萬		
② 家庭成員大事記	夫 小強	5萬/月入 21歲	7萬/月入 22歲	升主任 23歲	或創業 24歲	25歲	26歲	39歲	40歲	退休養老 41歲
	妻 小美	3萬/月入 20歲	4萬/月入 21歲	6萬/月入 22歲	再讀書進修 23歲	24歲	25歲	38歲	39歲	愛心義工 40歲
	子女	歲	歲	歲	生BABY 1歲	2歲	3歲	歲	歲	歲
③ 年度理財規劃		日本蜜月 6萬	買新車 60萬	購屋						換BMW
④ 投資規劃 股票	金額	5萬5	10萬	10萬	10萬					
	預期獲利	10%	10%	10%	10%					
定存	金額	5萬	0	0						
	預期獲利	1.5%								
跟會	金額	12萬	12萬	12萬						
	預期獲利	7%	7%	7%						
保險	金額	2萬	2萬	5萬	5萬					
	預期獲利	3%	3%	3%	3%					

plan ahead

20年投資規劃表

		年	年	年	年	年	年	年	年	年
長期理財規劃										
家庭成員大事記	夫	歲	歲	歲	歲	歲	歲	歲	歲	歲
	妻	歲	歲	歲	歲	歲	歲	歲	歲	歲
	子女	歲	歲	歲	歲	歲	歲	歲	歲	歲
年度理財規劃										
投資規劃	金額									
	預期獲利									
	金額									
	預期獲利									
	金額									
	預期獲利									
	金額									
	預期獲利									

年	年	年	年	年	年	年	年	年	年	年	年
歲	歲	歲	歲	歲	歲	歲	歲	歲	歲	歲	歲
歲	歲	歲	歲	歲	歲	歲	歲	歲	歲	歲	歲
歲	歲	歲	歲	歲	歲	歲	歲	歲	歲	歲	歲

⇨⇨ 建立優質投資觀念

認識風險、長期投資、不做融資

股票屬於高風險投資，所以手中有了股票常讓人變得很不理智，因此，投資新鮮人最好儘早找出自己的投資哲學，並在合理與看得懂的範圍內，遵守自己的投資規矩，因為一個賺到錢的投資人，不是他很厲害，而是他守得住自己的規矩。

在開始建立自己的投資秩序之前，以下四個優質的觀念一定要記住，因為有了這些基本的投資概念，買賣股票就不容易隨波逐流了。

■ 觀念一：認識風險

股票投資可以對它的報酬率有期待，但不管大環境景氣如何，投資人如何認真，都會承受兩種基本風險：外部風險與內部風險。

如何規避風險?

簡單來講就是分散風險，它有分為以下兩種層面:

【投資風險關係圖】

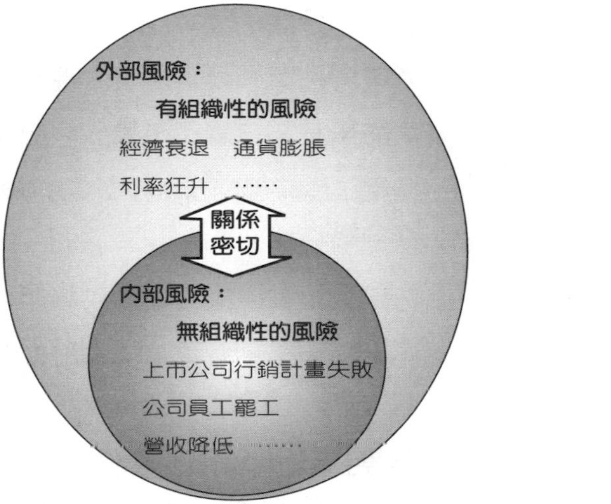

內部因素與外部因素交互影響股價，其中有許多是投資人難以掌控的，所以要建立風險概念。

以利率為例（下圖），當利率上升，大家就比較願意把錢存進銀行收固定利息，所以，升息消息出現，股價容易下跌；反之，利率下降時，銀行利息很少，大家就比較喜歡投資股市，股價就容易上漲。

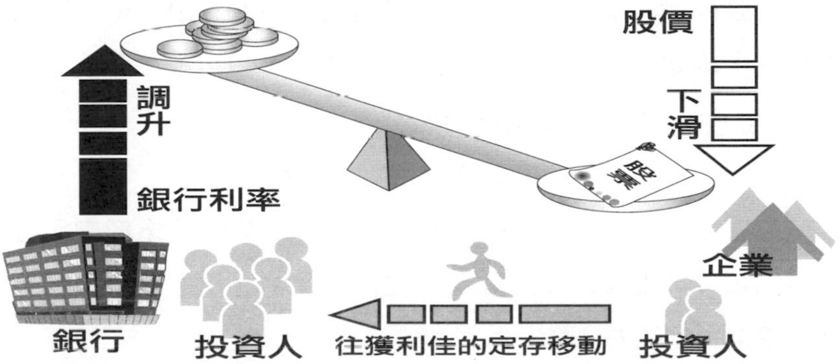

1.行業的分散

產業榮枯會有景氣循環，現在產業變化很快，雖然現在大家的焦點都在電子產業上，但是，即使是投資專家也說不準電子產業優勢會維持多久的榮景。

2.公司的分散

把資金跟某一家公司成敗共存亡，標準的把所有雞蛋放在同一籃子裡。所以，當然是要多找幾個籃子。

● 股票風險與年齡的關係

股票風險高，你可以採用一個與年齡相對的算法，來決定它在你理財活動中的適當比例：

把（100－你的年紀）％＝你對股票投資的比例

假設你今年30歲，把存錢組合裡撥（100－30）％＝70％買股票，算是合理的，也就是說：如果你每個月身上只能存下5,000元，那麼你能投資的股市比例是：

5,000×70％＝3,500（元）

依據上列的公式，你很輕易的就能算出來，如果你愈年輕，意謂著你能投資所謂「高風險性投資」的比例愈高，也就是你接受損失的能力愈強。

■ 觀念二:分清楚長期投資與長時投資

很多業餘投資人如上班族買了股票之後，因為沒有空「照顧」，心想，反正買了股票就讓它「放長期」，反正只要買對股票好公司總會幫投資人賺到錢的!結果，運氣好的可能真的「等」到了開花結果，運氣不好的，可能等到所買的產業都已經「夕陽西下」了，還在痴痴的等。

在此，請你仔細分辨一下，你心中所想的「長期投資」指的是「長時間」?還是「長期間」?

如果你個人的解釋是「長時間」，言下之意，你的操作方式可能是：買進了某公司的股票就一直擺著，不理會短期價格波動，不理會新聞有什麼正、負面的消息，反正就等著吧！

這種長時間等待的懶人投資法，用在買基金上會比較適合（但有些基金風險也是很高的）。因為，至少有基金經理人幫你看著，但如果用在股票上面，建議應該以分段賺行情多次累積「長期間」投資比較合理。也就是說，即使你是個不跑短線的投機份子，也不能買了股票就丟著，仍然要時時關心，因為即使再「穩」的好公司，也難保景氣或產業輪動而有不得寵的一天。

長期間投資法：

長時間投資法：

一次賺一點，多次累
積比較容易達成目標

就等一次行情上漲
但會等得很累！

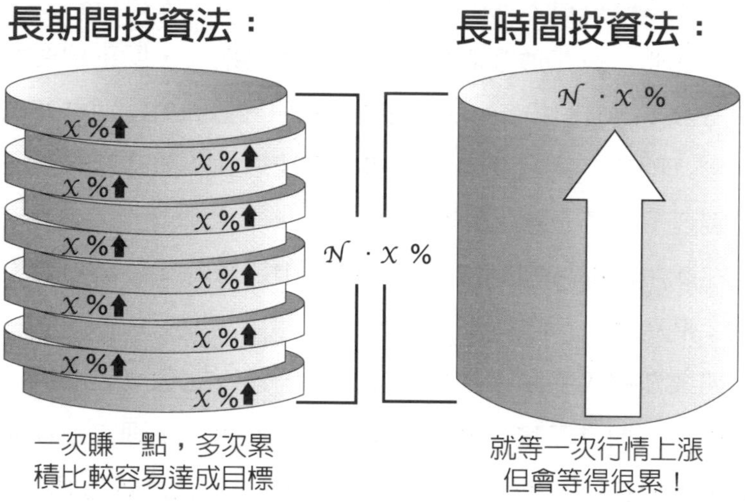

範例
說明
以上這兩種投資方式是可以互相搭配的，例如，
小美設定21%為獲利目標，但每次漲3%就先獲利
了結（長期間投資法），等到達到目標時就把錢轉投資
到風險較低的債券型基金作「長時間」投資，也是一
種方法。

■ 觀念三：當一位好股東

「如何在股市賺錢」是個很誘人的議題，不過，我們更希望你在開始投資股票前多去思考：「如何做一位好股東，而非投機客。」

以下把這兩種投資股票的心態做一比較：

【如何在股票市場賺錢的思考邏輯】

1.一塊一塊賺太慢，借錢、融資一次就賺上好幾倍。
2.某公司有人在拉抬，是個賺錢的大好機會，快快把錢投入，等著賺好幾倍差價。
3.明牌＝賺錢金牌，今天這家公司有人在「做」，就買這家；明天換別家公司「做」，買那家。
4.股票最重要的是題材，有題材容易上漲，搶題材賺差價。

【如何做一位好股東的思考邏輯】

1.先衡量自己有多少錢可以投資，在這個可接受的範圍裡，尋找投資標的。

2.找到一個自己覺得有潛力的工作團隊，加入他們，成為這家公司的股東。

3.給自己一段時間觀察這個工作團隊，表現好，就繼續支持他們，如果不長進，或是大環境已改變，只好退出，重新找標的。

4.關心投資標的企業現況與產業趨勢，除非確定產業前景看淡，絕不因他們一時受挫而表現不佳，就急忙轉換投資對象。

投資人該用「賺錢的邏輯」還是「好股東的邏輯」投資股票？這是見仁見智的事。但經驗告訴我們，如果你用「賺股票錢」的邏輯去投資，可能常會大嘆，這真是個充滿謊話的股票市場啊！而且常發生所謂的賺少賠多——每一次你總是多少賺一點，但萬一看錯行情，連以前賺的全都賠進去了。

至於「如何做一位好股東」的邏輯，不容易犯大錯，當然也不太容易賺快錢，可是卻能享受長期投資複利的高報酬。

買賣股票是你的職業嗎？如果不是，何不選擇當個企業的好股東。就像大家所熟知的微笑論點一樣，你想別人對你笑，那自己得先以善意對人笑。在股票市場上何嘗不是如此？當一個良善的好股東，市場自然回饋給自己應得的報酬與利益。

■ 觀念四：不融資買股票

融資（借錢）買股票有什麼不好？

在還不是很清楚融資操作股票的缺點之前，應該先來看一看，融資買賣股票有多麼迷人。

其實，如果它不是那麼迷人，也絕對沒有那麼恐怖。

假設，你有100萬現金投入股市，融資額度是6成，自備款4成，也就是100萬的現金，可買250萬（100÷40%）的股票。如果連續漲停六天，100萬的現金將有下表的變化：

【採用融資買進（漲停）】

（本表採小數點以下一位無條件捨棄法計算，以下皆同）

股市漲跌	股票帳面變化	賺or賠	100萬變成
第一天漲停板	250萬×7%	賺17.5萬	100萬＋17.5萬＝117.5萬
第二天漲停板	267.5萬×7%	賺18.7萬	117.5萬＋18.7萬＝136.2萬
第三天漲停板	286.2萬×7%	賺20.0萬	136.2萬＋20.0萬＝156.2萬
第四天漲停板	306.2萬×7%	賺21.4萬	156.2萬＋21.4萬＝177.6萬
第五天漲停板	327.6萬×7%	賺22.9萬	177.6萬＋22.9萬＝200.5萬
第六天漲停板	350.5萬×7%	賺24.5萬	200.5萬＋24.5萬＝225萬

【不採用融資買進（漲停）】

股市漲跌	股票帳面變化	賺or賠	100萬變成
第一天漲停板	100萬×7%	賺7萬	100萬+7萬=107萬
第二天漲停板	107萬×7%	賺7.4萬	107萬+7.4萬=114.4萬
第三天漲停板	114.4萬×7%	賺8.0萬	114.4萬+8.0萬=122.4萬
第四天漲停板	122.4萬×7%	賺8.5萬	122.4萬+8.5萬=130.9萬
第五天漲停板	130.9萬×7%	賺9.1萬	130.9萬+9.1萬=140萬
第六天漲停板	140萬×7%	賺9.8萬	140萬+9.8萬=149.8萬

融資超迷人檔案

【本金100萬，漲6個漲停板】

現股	融資
150萬	225萬

多賺75萬

100萬股本只要6次漲停板，就可以變成近225萬，如果沒有利用融資，就只能變成150萬。因此，對很多人來說，利用融資操作實在誘惑力太大了，尤其是自認為對景氣、產業、公司、分析掌握度很高，很有自信的人，運用融資操作比例更高。因為他們會自認為，反正股價下跌不賣就不賠，距離斷頭危機還很遙遠，怕什麼？

● 融資有多恐怖?100萬股本，6天只剩12萬

融資投資危險在哪裡？簡單來說，就是「不耐震」。以100萬為例連續6個交易日跌停板，手上的錢就只剩下12萬塊了。

【融資買進，100萬變化表（跌停）】

股市漲跌	股票帳面變化	賺or賠	100萬變成
第一天跌停板	250萬×7%	賠17.5萬	100萬－17.5萬＝82.5萬
第二天跌停板	232.5萬×7%	賠16.2萬	82.5萬－16.2萬＝66.3萬
第三天跌停板	216.3萬×7%	賠15.1萬	66.3萬－15.1萬＝51.2萬
第四天跌停板	201.2萬×7%	賠14.0萬	51.2萬－14.0萬＝37.2萬
第五天跌停板	187.1萬×7%	賠13.0萬	37.2萬－13.0萬＝24.2萬
第六天跌停板	174.1萬×7%	賠12.1萬	24.2萬－12.1萬＝12.1萬

融資超恐怖檔案

【本金100萬，跌6個跌停板】

融資買賣

↓

只剩12萬

或許你已經察覺到了，在這個例子裡我們採用的單位是「天」，你一定很狐疑，那有可能股市「天天跌停，而且一跌就跌6天?這應該只是模擬公式吧！」

小心!這可不是數字公式，就國內股市近十幾年來，這種的歷史經驗不是沒有。民國79年郭婉容事件，就連續長黑了19天;網路股泡沫化，下跌曲線也幾近自由落體！最重要的是，真的不要挑戰自己的「賭性」與「EQ」，現在就模擬一種情況，你有100萬在股市，融資6成--

第一天賠了17萬，你捨得就此賣掉嗎？

第二天再賠16萬，雖然很想「砍」，但是，你怎麼可能對自己的判斷沒信心呢？

第三天，又賠15萬，心一定有轉機吧!政府與企業不是總會「救」股市嗎?再說，我買的公司體質很健全，政治也算穩定!

第四天。

第五天。

第六天……

你認為你會在第幾天才願意承認「我錯了」呢？

現金買股票遇到空頭罩頂，財力與損失相比尚不致令人那麼容易捉狂，但利用融資投資股票財力與損失的比值要叫投資人冷靜並作出合理的判斷就是大挑戰了。

一般人都是在收到銀行融資追補通知後，不但不肯認錯，還四處告貸要「救」股票，結果不止救不回來，洞還愈來愈大。本來只有100萬的股本，就算斷頭了不起就賠6、70萬認賠出場，但不少人到了後來根本已經「完全失去理智」，說什麼也不肯停損，於是一直補繳一直補繳，到最後拖垮自己財務的不是股票，而是告貸的利息。

許多以融資買賣股票的投資人，也許十年、二十年利用融資賺快錢都安全過關，但是萬一有一天碰到了很不可預期的行情時，這一類投資人也是最難倖免的。有太多的例子是在股市裡賺了好幾年，但一次很糟糕的行情，就把幾年所賺的連本帶利一起「還」給股市了，因此，想利用融資操作股市的投資人，真的要三思再三思。

The understanding of stocks and equity market.

PART2

●●●

認識股票與股市

做了前面的功課，

現在就開始來認識股票了，

了解它的本質、來龍去脈，

有助於建立正確的股票投資觀念。

什麼是股票

股票，從哪裡來的

股票這個東西是從哪兒來的？如果可以賺錢，為什麼發行老闆不自己賺？

「好東西要和好朋友分享，有錢大家一起賺！」

對！也不對！

因為不是每家公司的股票都是「好東西」，如果經營得不好，那就變成「賠錢大家一起賠囉！」

其實，任何一家公司誕生之初，通常是由幾個志同道合的朋友一起出資，所以公司本身的總資本額都不大。但是如果這家公司的營運不錯，連續幾年都有不錯的盈餘，隨著營業額的上升，公司的規模就會愈來愈大，當公司要再更上一層樓時，便會受限於資本額的規模，這時候就必須要增加資本額，才能讓公司繼續擴大或開發新事業、新產品。

增加資本額的方式之一，就是向大眾募集資金，也就是公開發行股票，不再屬於私人企業。這時候，如果你在股票市場上買了該公司的股票，就會成為該公司的股東。

所以，股票是一種有價證券，它代表投資人對一家公司的所有權。你如果擁有一家公司的股票，不管多或少，都算是該公司的股東，並享有股東的權益。

為什麼股票的漲跌有那麼多人關心？因為它連接了市場上的資金供應者與需求者的特性，反應出國家整體經濟的狀況，也可以看出個別產業、個別公司的現況與未來，所以又被稱為是「經濟櫥窗」。

Column

股票的誕生

世界第一家「股份有限公司」由荷蘭東印度公司於1602年3月成立，這也是世界上第一張債券（股票）。而我國第一張股票是清朝末年，由李鴻章創辦的輪船招商局所發行的。

⇨⇨ 上市、上櫃、二類、興櫃、未上市、全額交割

股票交易市場的分類

上面我們提到股票的來由，你一定不難理解，簡單來說股市就是企業「募資」大衆「投資」的地方，其實，每一家企業從草創到業務擴大，再經過股票公開發行到上市，是條很漫長的過程，每一階段均有不同的資金挹注，就像一棵樹的長大，每一個階段所需要的養份都不一樣，而這也就形成了不同的股票交易市場，雖然我們可以籠統的稱它們都是股票，但不同市場股票的投資方式也都不同，它的分類大致如下:

■ 未上市股票

泛指有公開發行股票，但未在上市或上櫃交易的所有公司的股票。幾乎每一家公司在上市上櫃之前都經歷過這個階段，投資人只能靠著自己的本事尋找買主與賣主。

由於交易資訊不透明，風險也高，有些未上市股票還利用多層次傳銷方式銷售，這種作法問題很大，投資人應小心。

興櫃股票

公司股票公開發行後，投資人可以透過未上市盤商或私下進行買賣，便有了「市場價格」，而後公司申報上市上櫃輔導，尚未進行正式掛牌交易前，使進入興櫃階段。

在這個時候，公司的資訊透明度提高了，市場價格也會跟真實價格比較接近，潛在報酬率就會比較低，但相對的風險也低。從2003年起，要掛牌成為上市上櫃公司，必須先在興櫃交易市場三個月以上，所以也被稱為「準上市上櫃股」

二類股票

公司成立滿一個完整會計年度，最近一年度沒有虧損，經由券商推薦，歸類在第二類股於店頭市場交易。這類股票交易投信不能投資，也不能採取信用交易。

上櫃股票

股票的交易是在「中華民國證券櫃檯買賣中心」（店頭市

場）交易撮合完成。

上櫃股票比上市股票的資本額與相關條件門檻較低，新興產業或中小型公司都是上櫃公司。

上市股票

凡是股票交易在「台灣證券交易所」集中市場交易撮合完成的都屬於上市股票。

知名的企業大都是上市公司股票，這些股票資本額、限制、股權分散性都優於其他，也是交易市場最活絡的。

全額交割股

財務發生困難、重整、停工或發生重大違規事件的上市上櫃公司，主管單位為了保護投資人，就會將其列為全額交割股，以限制股票的流通。買賣這類股票必須一手交錢一手交貨，不能像一般股票買賣有2天的收款期。基本上，若公司已被列為全額交割股，買氣大都已經渙散了，若還持有股票的人，通常價格也都便宜得跟壁紙差不多了。

【企業成長與資金市場的關係圖】

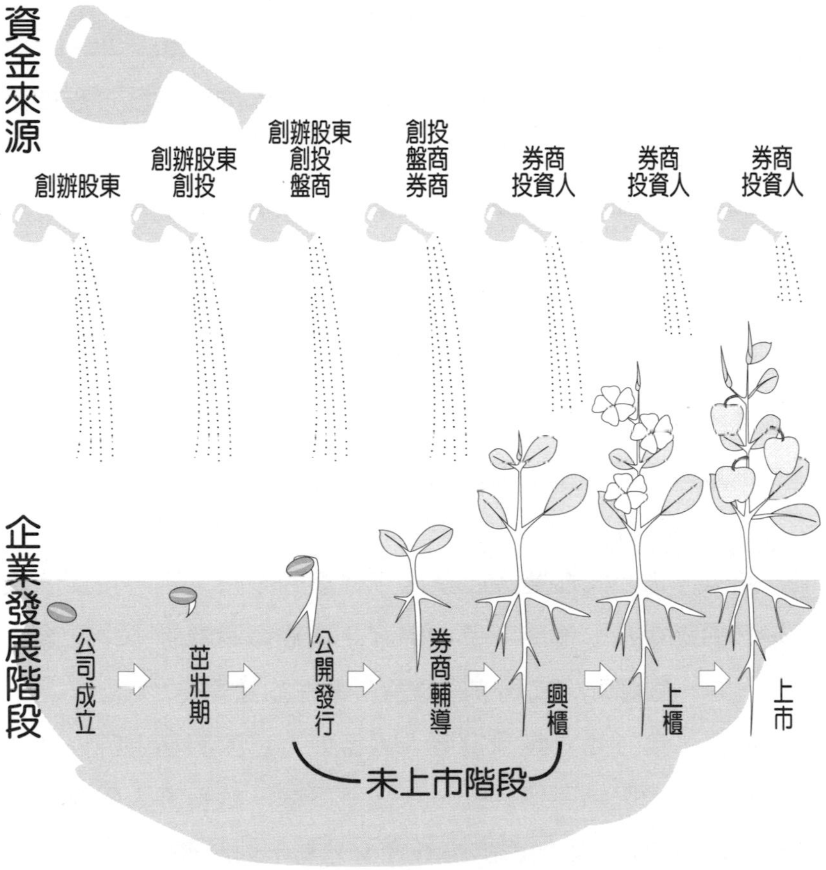

⇨⇨ 證券商、外資、投信、投顧

股票交易中的重要角色

除了一般投資大衆之外，參與股市運作的還有以下幾個重要的角色，在此作一個簡略的介紹。

■ 證券商

買賣股票，我們的錢到底到哪裡交易呢?

錢是怎樣來來去去的呢？

投資人的錢並非直接匯到交易所或店頭市場，而是先到證券商，證券商再把我們的資料送到交易所進行撮合交易。

所以，當我們在買賣股票出了什麼問題時，比方說買了股票忘了去繳錢啦、網路下單按錯了、借錢買股票啦……之類的事情，第一個會聯絡我們的就是證券商裡的營業員。

所以，證券商對股票投資人很重要，它的服務項目與機能也不只是我們眼睛所看到的，只是下下單、跟投資人聊聊行情而已，以功能分大家所說的證券商又分為下列幾種：

● **經紀商**

也就是常聽人家說的「號子」。主要的服務項目是接受客戶委託買賣有價證券。經紀商本身不能買賣股票，它的收入主要是手續費跟佣金。

● **承銷商**

幫助公司各種上市上櫃事宜，如公司要公開發行或增資、代銷或包銷股票。如果你要買新發行的股票，就要找具備承銷商資格的證券商。

● **自營商**

主要的營業項目是買賣上市上櫃公司股票及政府債券，但不可以進行信用交易。它屬於投資法人的一種，因為它是利用自有資金投資於股市賺取差價，其進出交易的動向常成為投資人關注的對象。

● **綜合證券商**

同時經營以上三種業務與執照的證券商，便稱之為綜合證券商。國內比較有知名度的券商大都屬於這種類型。

外資

外資法人的動態對國內一向有舉足輕重的地位，主要是外資通常挾帶實力堅強的研究團隊，所以，他們的動作對投資人有指標性的意義。

但外資就跟一般投資人一樣，各有不同的投資風格，有穩健保守的、有追求短線利潤的，因為追求的目的不同，也就有不同的操作策略，投資人可以把他們的動向當成是參考，但若一味的以他們的標準來「套」用自己的投資策略，有時反而會打亂自己的投資判斷。

外資投資國內的資金，一般可以分成以下三類：

● 退休基金：

規模大，投資標的大都鎖定在績優股上，比較重視長期報酬，除非國內發生重大的投資環境變異，或其所投資的公司績效出現明顯的轉變，否則一般來講不常換股。

● 共同基金

外資投資國內活水源頭，就是這種共同基金，而其中又以區域型基金最積極，金額也最大，加總旗下的基金，投資規模通常都在上百億美元之譜，是國內基金無法望其項背的。

共同基金有一個特性，就是當他們打算買台股時，常會先賣掉亞洲其他地區的股票，再把賣掉的資金搬到台灣來，例如，先賣掉韓國轉進台灣，或先賣掉台灣再轉進韓國。

● 對沖基金

對沖基金的規模不大，一般大約在2～5億美元，它的特色是追求絕對的報酬，幾乎是那裡有錢那裡去，而且與退休基金、共同基金比起來，操作手法比較不受限制，所以只要有機會，他們也會買小型股。

對沖基金手法快、周轉率高，而且大小通吃。例如正值國內sars期間美股大漲、台股超跌，對沖基金以買台股、賣美股的手法來回操作，大撈一票。當時國內指數連連下跌，但外資卻持續買進，這種大膽的作風，大多數是對沖基金的傑作。

■ 投信與投顧

初學股票的人一定很好奇，投信跟投顧有什麼不同?

投信

投信，它的全名是「證券投資信託公司」，不過，你可以直接把它想成「基金公司」就很好理解了。也就是說，他們是集合許多投資人的錢，讓基金經理人為投資人操盤買賣股票。

因為投信是「集合許多投資人的錢」，因此投信公司募得新基金，有時候也會帶來資金行情。

投顧

投顧，它的全名是「證券投資顧問公司」。

如果你常看電視，對「投顧」一定不陌生，這些投顧會請旗下的名嘴老師在電視上用力的解盤，目的就是希望投資人能加入會員，收取顧問費用。這種投顧公司往往形成「股友社」--也就是由「投顧老師」號召旗下的會員，集合資金一起炒作某檔股票，賺取其中的差價。

加入股友社風險頗高，收取的費用合不合理是一回事，重點是萬一股價無法如預期，來不及跑的投資人往往就會被套在很離譜的價位。

⇨⇨ 普通股、特別股、股票、零股

以公司法、交易單位區分股票

股票有很多分類方法，前面我們曾以資金交易市場分，這一節將介紹比較基本的兩種分類方法。

■ 以公司法規定區分

● 普通股

一般投資人所買的大都是普通股，它是公司資本形成所發行的基本股份，它的基本權利包括：

1. 分享利潤。
2. 參加股東大會，決定公司發展的重大方向。
3. 選舉董監事。
4. 清算後，股東可以按持股比例分配剩餘資產。

   剩餘資產償還的順位是：

   債權人→特別股股東→普通股股東。
5. 公司發行新股時，可以按比例優先認購。

特別股

特別股跟普通股最大的不同就是普通股在公司有盈餘時才分配股利，但特別股則依照公司的規定而有不同的發放方式。一般說來，特別股的配股條件比普通股的配股條件要好，其發行的目的大都是基於公司財務需求與市場因素考量。另外，特別股沒有公司的表決權。

以交易單位區分

整張股票

股票的報價都是以「每一單位股份」為單位的，也就是說，假設台積電今天的收盤價是57元，它指的是每股57元，但平常投資所買進的股票是一張一張的，每一張股票有1,000股，所以把股價×1,000，就是買進「一張股票」的價格。

零股

不足1,000股，稱為零股（畸零股），零股同樣也能買賣，但不管買或賣都需依成交價乘95%，雖然買賣會損失一點差價，但若預算不夠，又不願牽就價位買不喜歡的股票，零股投資是十分好用的。一般買零股的人都是零買之後湊成1,000股（一張）出售，因為賣的時候是一張賣就不用乘95%了。

Column

什麼是庫藏股

所謂的庫藏股，簡單的說就是公司將已經發行出去的股票，從市場裡買回來。

為什麼公司要買庫藏股呢？最簡單的道理，就是公司可以掌控股票的流通性。

當公司買回自家的股票時，這表示市場上的買方增加，如果賣方也增加的話，就有助於股票的流通。

此外，庫藏股制度也可避免公司被惡意的購併，試想，誰擁有股票愈多就是擁有股權愈大，如果有心人士在市面上一直收購某公司股票，進而購併該公司，而不是透過合法的管道溝通協調，就會產生惡意購併，此時，庫藏股就有調節的功能。

面額、淨值、市價

認識股票的三種價格

如果你見過股票的本尊，會覺得很奇怪，每一張股票不管是哪一家公司發行的，上面都寫著「新台幣壹萬元整」，可是為什麼在報章上又會出現某公司股票的市價是多少？淨值又是多少呢？

要投資股票之前，得先搞清楚，股票的三種價格：面額、淨值、市價。

面額

面額指的是股票的「票面金額」，也就是說你所購買的股票上面所記載的金額。

以前不同公司所發行的股票票面金額都不一樣，像亞泥是5元、彰銀是100元，國泰是300元等等不一而足。

因為每一張股票的面額都不同，交易起來很不方便，於是財政部在1979年的時候，統一規定每一股的面額都是10元，也就是一張股票（1,000股）都是一萬元整，所以，現在不管你看到的是哪一家公司發行的股票，上面都是寫著壹萬元整。

現在股票究竟長什麼樣子，可能很多人都沒看過。因為從民國84年起，就全面實施「款券劃撥交割制度」。只要是在證券市場買賣成交後的交割作業，一律以帳簿劃撥方式完成，由集保公司負責辦理。因此，買賣上市或上櫃股票，就必須先開設集保帳戶，以後只要憑「證券存摺」辦理相關的買賣即可。

股票由集保公司保管可避免被挪用、盜賣及偽（變）造等危險，且買賣都會有電腦檔案紀錄，帳目一目了然。

淨值

淨值所指的是，股票現階段真實的價值，是根據公司的財務報表算出來的。

計算公式

淨值計算公式：

每股淨值＝（資產總額－負債總額）÷發行股數

每一家公司剛成立時每股面額都是從10元起算，也就是說每一家公司最原始的每股淨值都是10元，只要公司在上市後有賺錢，每股的淨值就會跟著增加，當然，如果虧損，它的淨值就會在10元以下。

因為淨值是根據公司的財務報表所推算的，它能反應出這家公司該有的價值。所以，這家公司在股票市場上的交易價格理論上應該高出每股淨值，但這也不是一定的鐵則。當整體大環境欠佳時，跌破淨值的股票，還是一大票，而且不見得有人要。

淨值代表公司在資產清算、償還完該償還的負債後，按股份比例把錢退還給所有股東，股東還能拿到這麼多錢。所以，如果股價已經比淨值低時，表示當時的股價是被低估的，通常會被當成是值得投資的一個指標。

■ 市價

市價是一般投資大眾最關心的。但它到底「值多少」?則由供需來決定，幾乎是沒有標準，如果你能夠買在低價，而賣在高價，賺到了其中的價差，利潤是相當誘人的，因為這個價差往往是等著這張股票發放股利的數倍。所以，很多投資人把錢拿來買股票目的就是為了賺取這個價差（買低賣高）。

例如，你上個月5號買了A公司股票1張，當時你是用45元買的，這個月5號它已經漲到了60元，那麼不考慮手續費、稅金等，如果你把它賣掉，那麼你一共賺了（60－45）×1,000＝15,000元的價差。相對的，如果你是在60元買進，45元時賣出，那麼這筆投資你就賠掉了15,000元。

影響市價的因素相當多，包括公司本身的營運績效、景氣好壞、利率變動、物價起伏、貨幣供給額、法令，甚至政治、天災、人禍、人為炒作等都會影響到市價的波動，尤其是政經局勢不穩定，還經常會演出今天全面跌停、明天全面漲停、後天可能又全面跌停的戲劇化行情。

投資人在第一次買進股票時，大可先不必考慮這些很不定的市場因素，可以等到自己買進第一支股票時，再慢慢觀察。

Column

從上述的淨值與市價敘述中，你很容易就能了解兩者之間的關係

1.淨值÷市價>1

表示目前股票已經跌破淨值，投資人可以考慮買進，但要儘量選擇負債比例低、純益率高、產業遠景好、老闆真正在做事的個股。

2.淨值÷市價=1

比值＝1的情形，可由兩方面來看：

a.如果比值是由小變大，表示股價正持續向下跌，有可能跌破淨值的疑慮，所以要先多多觀察，先不急著買進。

b.比值如果是由大變小，表示股價正持續上漲，有機會向上穿破淨值，此時即可考慮買進。

3.淨值÷市價<1

大部分獲利不錯的個股都是如此，在選擇股票時可以把每一季的公司財報拿來瞧一瞧，當成參考值。

⇨⇨ 現金股利、股票股利

買賣股票獲利來源是什麼

除了價差，投資人買股票最重要的當然就是股利，股利不光是投資人實質能拿得到好處，一家公司有沒有發展，也是看它有沒有發放股利的實力。

■ 股利

當你所投資的公司有賺錢時，公司就會依照你所持有的股份比例分配利潤，這個利潤就叫「股利」。當然，如果你所投資的公司當年度沒有賺到錢，自然就不會配發股利了。

股利又有兩種，一種叫股票股利，一種叫現金股利。

● 股票股利

如果你所投資的甲公司去年每股純益有2元，公司董事會也決定把這2元以等值的股票發給股東，這就是股票股利。

例如，你買了甲公司2張股票，每股配發2元股利，由於股票的面值每一股都是10元，所以，你等於有2000股×2/10＝400股的股票股利，加上你原先所持有2000股，經過配發股利之後，你擁有的股票數目就是2,400股。

● 除權與除權參考價

公司發放股票股利，流通在外面的股數就平白的增多了，但公司的整體價值並沒有實質的改變，為了調整這種「價值不變，股數增多」的現象，股價就會向下修正，調整出一個除權參考價。

除權參考價＝前一個交易日的股票收盤價/1＋配股率

例如：某公司在8月15日發放股票500股（配股率50%），8月14日的收盤價是150元，那麼，8月15日一開盤，它的除權參考價就是100元（150/1＋0.5）

除權前價格是市價是150元，除權後市價變成100元，對舊投資人而言並沒有任何的損失，因為雖然市價向下修正了，但所持有的股數則增多了。

如果這家公司的股價在市面上除權之後能順利回到除權前的價位，就叫「填權」。反之，股價除權後沒有向上走，且往下掉的話就稱為「貼權」。

● 現金股利

如果你所投資的公司去年每股純益有2元，公司董事會也決定把這2元以現金發放方式發給股東，就是現金股利。

因為現金股利跟原有公司的股票沒有關係，所以你原有的股票數目不會增加或減少，但公司依照你擁有的股票數目，以2/10的比例把現金送進你的帳戶裡。假你擁有該公司3張股票，那麼得到的現金股利將是：

3000×2/10＝600元

● 除息與除息參考價

公司發放了現金股利給股東，股價就跟著向下作調整，這個動作就叫除息。

除息參考價＝前一個交易日收盤價-現金股利

例如：小強公司今年決定8月5日是除息日，發放現金股利3元，8月4日收盤價是50元，8月5日開盤參考價就是：

50-3元＝47元

如果這家公司的股價在市面上除息之後能順利回到除息價位，就叫「填息」。反之，股價除息後沒有向上走，反而往下掉的話，就稱之為「貼息」。

Let's go for investment now.

PART 3

股票買賣實務

好想買股票哦，

但是總是停留在想啊想的，

其實，只要你跨出第一步，

一點也不難，

何況現在可以透過網路交易，

只要幾分鐘就能搞定了。

⇨⇨ 開戶、股券交割、交易時間

股票買賣實際流程

常聽到周圍的朋友在唸「好想學買股票」，唸了大半年，還是沒有正式的動作，這其中最大的原因是：

還沒有開戶＋不會交易

對新手而言，第一筆股票交易真的是有點難，但只要買賣過一次，你就會知道實在是太簡單了。

開戶前的準備功課

「我還沒有開戶，也不知道去哪裡開戶?」

首先，你要尋找一個適合的優質券商，接下來所有的程序都可以請他們從旁協助。

● 決定在哪家券商開戶

雖然買賣股票決定權在自己，但選擇證券商卻很重要，因為優秀的證券商有豐富的研究資源可供運用，也比較容易培養出優秀的營業員，而一個好的營業員其專業、服務熱忱與認真都跟我們有密切的關係，即使我們是利用網路或行動通訊方式下單，直屬我們的營業員也很重要哦！

例如，筆者有次用網路下單買股票的時候，因為太忙了竟然忘了把錢存進帳戶，到了第三天銀行帳戶錢不夠，工作人員便很認真的幾乎是上天下地用盡各種辦法趕快連絡，才趕快把錢補齊，若碰到一個不負責任的營業員，可能就沒有這麼好運了。

另外，有位朋友因為是第一次買股票，就打電話請營業員一步步教她網路下單，結果本來要買一張，按錯了，變成買了兩張，這位營業員打電話確認後，知道是按錯鍵，就把出錯那一張自己補錢進去當成是自己的股票處理。

真不敢相信世上還有這樣的善心人士！

其實這種作法是不合法的，但對投資人而言，能有個信賴的營業員幫忙自己盯著，實在是安心不少，尤其是對新手上路而言。

當然，投資人也不能抱持著「反正營業員就是賺我們的錢」就予取予求，那也失去尋找投資好伙伴的意義了。

● 選擇優質的網路券商

利用網路下單，首先就要選擇一個可以令你信任、安心、服務好、具有網路交易的證券公司。本書末附有國內券商聯絡方式與網址，不妨抽空上網逛逛。

一般來說，你可以從以下幾個方向評估該選擇哪一家券商開戶。

1. 手續費折扣優惠、開戶送贈品。
2. 網路界面是不是看起來很舒服、顏色喜不喜歡。
3. 提供的服務如新聞的更新速度、各種線圖提供、資訊的歸類整理是不是完整而實用、有沒有個人化服務等體貼的設計。
4. 糾紛處理的服務態度。可以先鎖定幾家券商，直接向服務人員詢問，萬一下錯單或產生網路下單糾紛時他們會如何處理，從中可以比較每家的服務品質。

如果你還沒有選定要在哪家證券商開戶，最好花點時間做比較，因為在哪一個網站下單，它是不是提供給消費者即時的資訊和自己喜歡的版面是很重要的。

如果覺得這樣很麻煩，還是搞不清楚哪家好，介紹您個最簡單的方法，你可以直接看看證券商網站評比或排行榜之類的資訊，鎖定前幾名比較優質的為標的，這也是個不錯的方法。

正式開戶

現在開股票帳戶就跟到銀行新開戶頭一樣，簡單得不得了，有些證券商為了服務上班族、學生，還設有夜間開戶，有些甚至連100元最基本的帳戶存款也不需要。

● 我的身份，可以開戶嗎

「我有很多卡債，可以開戶嗎？」

「我想用小孩的名字買股票，他那麼小，可以開戶嗎？」

只要不是以下的六種人，都可以大膽的到證券公司開戶：

1. 證券主管機關及交易所的職員、雇員。
2. 有違約交割記錄未滿三年，或滿了三年但還沒有結案。
3. 有違反證券交易法規定，經司法機關有罪之刑事判決確定，或經主管機關通知停止買賣證券有案，期限未滿五年的。
4. 受破產宣告，未經復權。
5. 受禁治產宣告，未經法定代理人之代理者。
6. 未滿20歲，未經法定代理人允許者。

● 要準備的東西

備齊以下的證件，通常不需半個小時就能跑完開戶流程：

【一般民眾、未成年小孩、公司開戶要準備的東西】

身份	準備的東西
一般民眾	1.身分證正本。 2.印章。 3.附有照片的其他證件如駕照、健保卡等。 4.100元（不是每家都需要）。
未成年小孩	1.本身分證影印本、印章。 2.代理人身分證影印本、印章。 3.戶口謄本。
公司	1.負責人身分證影印本、印章。 2.代理人身分證影印本、印章。 3.營利事業登記證、公司大小章。

● 開戶完成，檢視資料

辦妥開戶手續後，服務人員會交給你一袋資料，裡面有：

a.**集保存褶**：這本褶子是用來記錄買賣股票的進出狀況，也就是股票存款簿。

b.**銀行存褶**：功能和一般的存褶一樣，可以自由存、提款，也可以辦提款卡，不同的是，這是股票交割專用的帳戶，也就是買股票的錢從這一本存褶裡扣款，如果你賣股票，錢也會直接匯入這個帳號。按照規定，不管你原先在該銀行有無一般帳戶，都必須開一個股票交割專用帳戶。

c.**電子交易密碼**：為「網路下單系統」的最初密碼，通常僅供初次登入更新密碼之用。第一次進入網路下單系統後，即需進行密碼變更，以保障投資者的權益。如果當天連續輸入錯誤密碼3次，該日就暫停使用；如果累次數達6次（含前3次），該密碼就會被凍結無法再使用，必須再親自到原開戶公司申請新密碼。

d.**網路下單CA憑證**：只要透過網路方式買賣股票，一定要使用CA憑證，它是辨識個人身分的依據，交易時需載入這個憑證密碼，才能進行交易，需要好好保管。幾年前因為有駭客入侵證券交易系統，使用別人的帳戶密碼買賣股票的情形，為了防止這種情形發生，證交所規定一定要有CA憑證，才能進行網路下單。當你親自到券商開戶，可能拿到的是一張磁片或光碟，當然，你也可以上該券商由網路下載。

■ 股券交割流程

現在的交易方式有很多選擇，大致可分為兩大主軸，一種是直接到證券公司，另一種則是利用電子下單的方式。

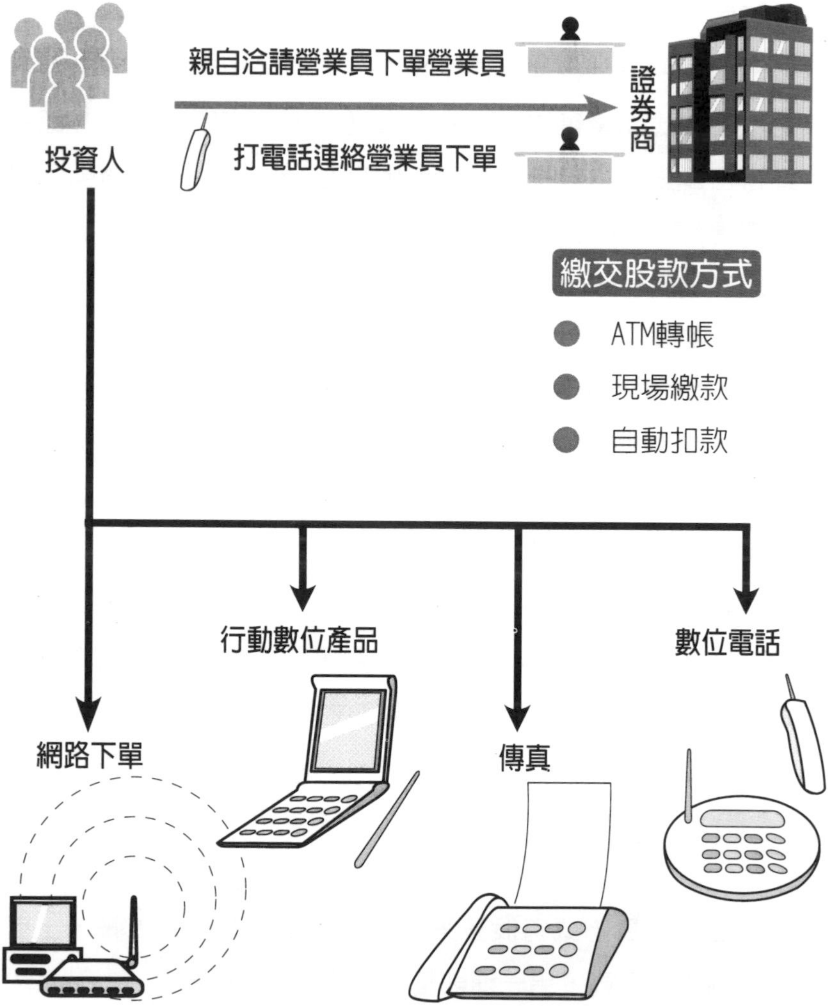
投資人
親自洽請營業員下單營業員
打電話連絡營業員下單
證券商
繳交股款方式
ATM轉帳
現場繳款
自動扣款
網路下單
行動數位產品
傳真
數位電話

不同市場的買賣時間

不同市場的股票交易時間與方法，有些微的不同：

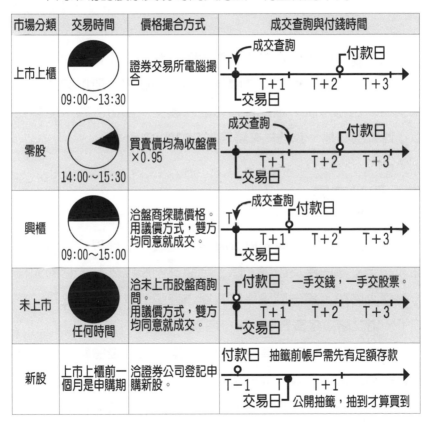

市場分類	交易時間	價格撮合方式	成交查詢與付錢時間
上市上櫃	09:00～13:30	證券交易所電腦撮合	成交查詢 T 交易日 付款日 T+2 T+1 T+2 T+3
零股	14:00～15:30	買賣價均為收盤價×0.95	T 交易日 成交查詢 T+1 付款日 T+2 T+1 T+2 T+3
興櫃	09:00～15:00	洽盤商探聽價格。用議價方式，雙方均同意就成交。	成交查詢 T 交易日 付款日 T+1 T+1 T+2 T+3
未上市	任何時間	洽未上市股盤商詢問。用議價方式，雙方均同意就成交。	付款日 T 交易日 一手交錢，一手交股票。 T+1 T+2 T+3
新股	上市上櫃前一個月是申購期	洽證券公司登記申購新股。	付款日 T−1 抽籤前帳戶需先有足額存款 交易日 T 公開抽籤，抽到才算買到 T+1

註：T為交易日

現股交易

買賣股票的交易實務

股票買賣原則上是以「拿現金買股票」或「賣股票換現金」這種現股交易。但主管機關為了能活絡股市，所以開放了信用交易，也就是說，讓投資人可以只繳交一部份的錢，能享受以小博大的交易，我們先來談現股交易的部分。

現股交易

現股交易就是拿現錢買賣股票，不過，這種現股買賣交易並非一手交錢一手交股票（除了全額交割股以外），它的流程分為兩大階段，第一階段是買賣雙方協議的成立，稱之為「交易」；第二階段是買賣雙方履行協議，稱之為「交割」。

簡單的說，你現在買進股票會在第三天才要繳錢，賣股票也會在第三天拿到錢。你一定有個疑問，在股票交易的當時，股票帳戶裡需不需要有足額的錢券商才讓我買進股票呢？答案是不用！一般來說，投資人到證券商開戶，券商會給你一個交易額度（通常是499萬元），除非你一口氣就買了超過499萬的股票，否則，你只要確定自己的股票交易後的第三天早上9：00以前有足夠的錢可以扣款就好了。

另外，你可能又要問，反正是第三天（T＋2日）才真的要繳錢，如果買進股票後，行情下跌，我反悔了不想買所以就不去繳錢會怎麼樣呢？

「違約交割」聽過吧！買進股票卻沒有按期繳錢就是所謂的違約交割，這是個人信用上的大瑕疵哦！千萬別開玩笑。情節最輕的會被罰三年內不可以買賣股票，嚴重的還會處七年以下的有期徒刑。

● 現股交易該如何算股款

平常我們所看到的成交價是一「股」的價格，買進時，要把每一股價格乘以1,000，此外，還須付0.1425%手續費（但利用網路下單通常有6折左右的折扣。）賣出時，也有手續費，還外加證交稅。

計算公式

股票買進應繳股款計算公式：

買進應繳的費用＝成交價×股數＋（股款×0.1425%）

股票賣出應得股款計算公式：

計算公式

賣出股票所得股款＝

成交價×股數－（股款×0.1425%）－（股款×0.3%）

範例說明

美美買進台積股票電三張，成交價是55元，手續費是0.0855%，她該付多少錢？

股款：55×1,000×3＝165,000元

手續費： 165,000x0.0855%＝141元

總計： 165,000＋141＝165,141元

一周後，美美賣掉兩張台積電，成交價是58元，手續費一樣是0.0855%，她會有多少錢？

股款：58×1,000×2＝116,000元

手續費： 116,000x0.0855%＝99元

證交稅： 116,000×0.3%＝348元

總計： 116,000-99-348＝115,553元

融資、融券

兩種信用交易方法

相對於以現金買賣的「現股」買賣交易，另一種叫做「信用」交易?

簡單的說，想買股票錢不夠，可以「借錢」買股票;或者看壞行情，可以先「借股票」來賣。不管你是借錢還是借股票，都叫信用交易。

你或許會疑惑，我又沒有任何抵押品，到底誰會提供我錢或股票？

當然是你所開戶的證券公司囉！至於抵押品，就是你所買的股票或借賣股票所繳的保證金。

以前，規定只有復華證券金融公司可以提供這種服務，後來因為種種考量，政府陸續開放市場，現在不只證券金融機構，甚至是券商都可以自己辦理，所以，現在幾乎每家證券公司都可以辦理信用交易。

開立信用帳戶必須是有條件的，因為這牽涉到向授信機構借錢，而且證金公司也需要債權擔保，其條件如下：

1.年滿20歲以上有行為能力的中華民國國民，或依中華民國法律組織登記的法人。

2.投資人在股市開立買賣戶頭已經滿三個月。

3.投資人在股市最近一年的買賣成交金額超過10筆以上，且買進、賣出交易金額合計125萬元。。

4.投資人在股市最近一年買賣金額，必須達到所申請的融資額度的50%。（額度有四種選擇：250萬、500萬、1,000萬、1,500萬）

5.過去一年的收入所得，或是其他各項財產總額合計必須達到申請融資額度的30%。所定的財產證明以委託人本人或配偶、父母、成年子女所得為限。如果財產為非本人所有，其財產所有人應為連帶保證人。

授信公司通常會要求要提供不動產的所有權狀影本，或是繳稅證明單、最近一個月的金融機構存款證明，有價證券的證明等……資料。

6.如果融券額度只有50萬，則不用財力證明，只要簽合約即可，但必須同時符合前三項條件。

7.若能提出更多的財力證明，券商就可能再調高其融券額度，甚至超過1,500萬的限制。

■ 融資

「融資」--借錢買股票，它的償還方式有兩種，一種是「現金償還」；另外一種是「賣出償還」。

● 現金償還

假設小昭在9月15日買進3張（3,000股）A公司股票，當時購買的市價是35元，融資比例是5成，融資利率是9.9%，那麼，買下這3張股票時，小昭要付多少自備款？

1.**自備股款**：3,000股×35元×（1-50%）=52,500元

2.**手續費**：3,000股×35元×0.1425%=150元

總計為：52,500+150=52,650元

如果30天以後（10月15日）小昭選擇用現金償還，將股票改為現股買進，那麼，除了原先融資的金額外，她尚須付：

1.**融資金額**：3,000股×35元×50%=52,500元

2.**融資利息**：

3,000股×35元×50%×9.9%×30÷360=433元

總計為：52,500+433=52,933元

清還完融資部分，A公司股票就屬於小昭的了。

賣出償還

如果小昭選擇在60天以後，當時A公司股價是在40元時賣出償還，那麼它的算法是：

1. **賣出股款是**：3,000股×40元＝120,000元
2. **證券交易稅**：3,000股×40元×0.3%＝360元
3. **手續費**：3,000股×40元×0.1425%＝171元
4. **融資金額**：3,000股×35元×50%＝52,500元
5. **融資利息**：3,000股×35元×50%×9.9%×60÷360＝866

因此賣掉股票後，小昭還可以拿回：

120,000－360－171－52,500－866＝66,103元

融券

融券是借股票先賣再買，在借股票前要繳多少保證金證期會有規定，一般是股價的九成，也就是你想借出10萬市價的股票來賣，得先繳交9萬元保證金，但這是一個可變動的數值。一般來說，當政府遏止證券市場強力賣壓時，常會採取提高融券保證金方法，此舉對有意放空的投資人而言，因為必須付出比較高的成本，而降低了融券意願。

融券償還的算法

小莉在這個月月初以每股80元融券賣出B公司的股票3張，當時的融券保證金是90%（九成），年息是2.5%，那麼，融券賣出B股時，小莉要繳多少錢?

融券保證金--小莉要繳的錢

3,000股×80元×90%＝216,000元

賣出股票所得--當成擔保品（需扣掉稅及手續費）

3,000股×80元×（1－0.1425%－0.3%）＝238,938元

30天以後，以72元買進同股票3張還回，跟券商的結算是：

買進股票的成本

3,000股×72元×（1＋0.1425）

＝216,308元

保證金當擔保品該得的利息

216,000×2.5%×30÷360＝450元

小莉把股票買回還給證金公司後，她還有多少錢？

計算公式

證金公司該退給小莉的錢＝

保證金＋擔保品＋融資利息－買進應付款

216,000＋238,938＋450－216,308＝239,080元

融資融券的風險控管

如果你有意採取信用交易，一定要認識一個很重要的名詞--信用維持率。

計算公式 **信用維持率＝**

股票的市價÷融資金額×100%

比方說，你買了一張市價100元的股票，照理說你應該付出10萬元股款，但是你只付了6萬元，而跟證券公司借了4萬元，那麼你當時的信用維持率是：

10萬÷4萬×100%＝250%。

不過，信用維持率是隨著你所購買的股價變動而變動的，假設你的股票跌到只有8萬元，你的信用維持率就變成：

8萬÷4萬×100%＝200%

如果，你購買的股票漲到12萬，那麼信用維持率就變成：

12萬÷4萬×100%＝300%

信用過度擴張，小心斷頭賠錢

現在信用維持率國內規定不能低於120%（這個比例會因國家政策或經濟因素而有變動），如果低過這個數字，你當初辦理的授信單位便會告知你得補繳擔保的差額，三天以內，如果還沒有繳足差額，那麼授信單位為了保障自己的權益，將主動把你的股票賣掉，這就是所謂的「斷頭」。

依照上面的例子，你可以推算出來，當股價跌到什麼價位時，你會收到補繳通知書？它的算法是：

X÷4萬＜120%

X＝48,000元

也就是說，當股票總市價在收盤時跌破48,000元時，你就會收到授信單位給你的補繳通知單了。

股票到了必須斷頭賣出時，通常「所剩無幾」，所以，採信用交易的投資人手上，一定要保有相當額度的周轉金，以防被追繳的時候還有現金可以補交保證金，否則只有認賠出場。

■ 當日沖銷

所謂的當日沖銷(當沖)，就是融資、融券相抵的沖銷交易。也就是投資人在同一天對同一支股票「先融資買進再融券賣出」或「先融券賣出再融資買進」的交易，其數量相等的部分相互抵銷，投資人只要以淨收或淨付結算。

做當沖交易，要先開立信用帳戶並簽署信用合約書，券商會將所有該辦理簽章的文件一併處理，如此投資人才能在同一天內對同一支股票融資買進、融券賣出，其數量相等的部分也才會自動沖抵，不須一件一件的申請，如果融券的部分與融資部分不能相抵時，仍須像一般融資、融券辦理。

例如小利預期A公司股票今天會有一段行情，早上以50元買進2張（2000股）A公司，幾個小時後，行情上揚到53元，就賣掉A公司的2張股票了，而他的戶頭就進3元的差價（當然還是會扣掉手續費等）。

當沖買賣是一種風險很高的操作方式，除了賺當日差價外，另外也常被用在以下幾個地方：

1.如果你已經融資買進了股票，但當天突然有一個重大的不利消息，預期股票即將重挫，如果等到隔天再賣出股票，損失會很嚴重，利用當沖可以快速處理掉股票，以減輕損失。

2.在下單時偶爾因為筆誤或寫錯也可以利用當沖把錯誤糾正回來。例如，你本來 想賣2張A公司股票的，寫成了20張，就可以利用當沖再買進18張，以免價格不如預期，而造成自己無法承擔損失。

⇨⇨ 網路下單買股票

網路下單，買第一張股票

每一家公司網路下單步驟與方法不盡相同，只要按照所選擇的證券商的步驟方法即可。以下係以台証證券為例，實務演練網路下單。

一、進入網路下單系統，變更電子交易密碼

step 1 輸入網址，連上證券商網站首頁，點選畫面右上方的證券下單項目。

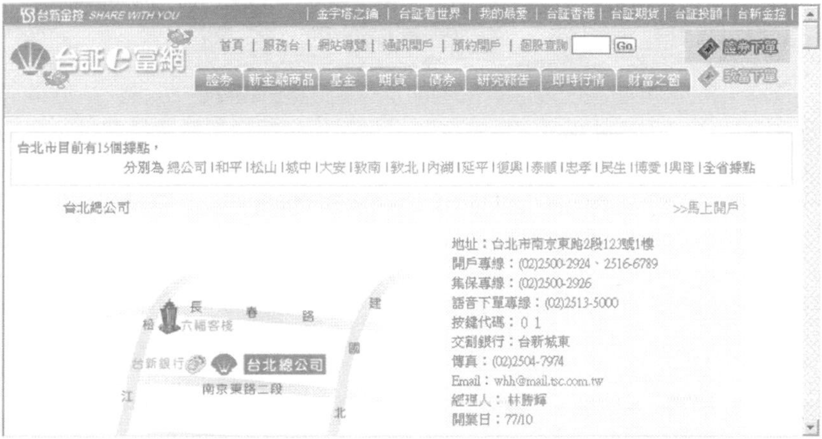

step 2 選開戶的分公司及輸入電子交易密碼，按確認鍵。

畫面上有一些下單須知及委託時間等資料，可以閱讀一下。如果你是第一次進入網路下單系統，需要經過以下3、4、5的步驟，但第二次進入時，就會直接出現網路下單的資料。

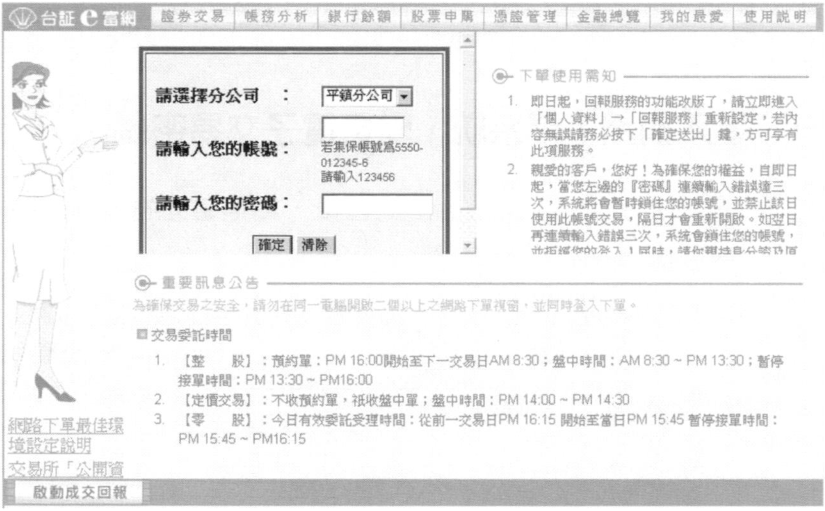

step 3 變更密碼。如果是第一次登入，為了保險起見，需要更新密碼。這時要輸入你認為最安全又不會忘記的密碼，輸入後按確定鍵。

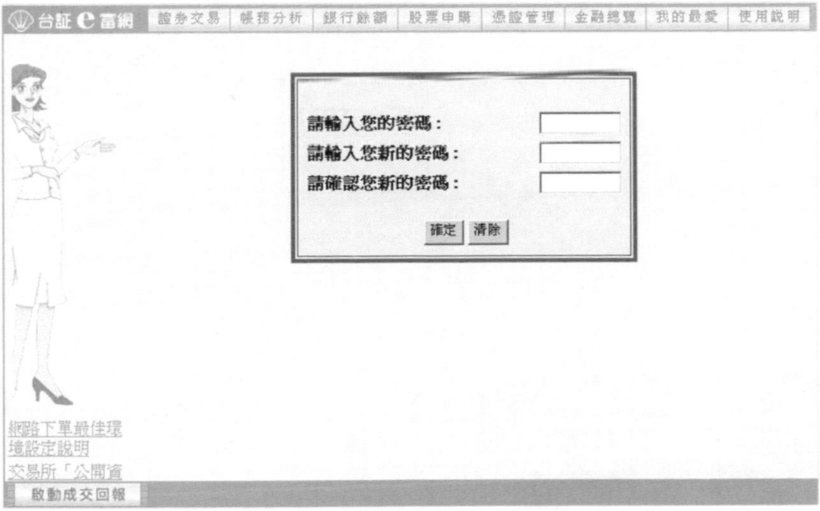

step 4 按變更確認鍵後，會出現修改完成的畫面，以後一開始進入網路下單系統時，就須輸入這個密碼了。

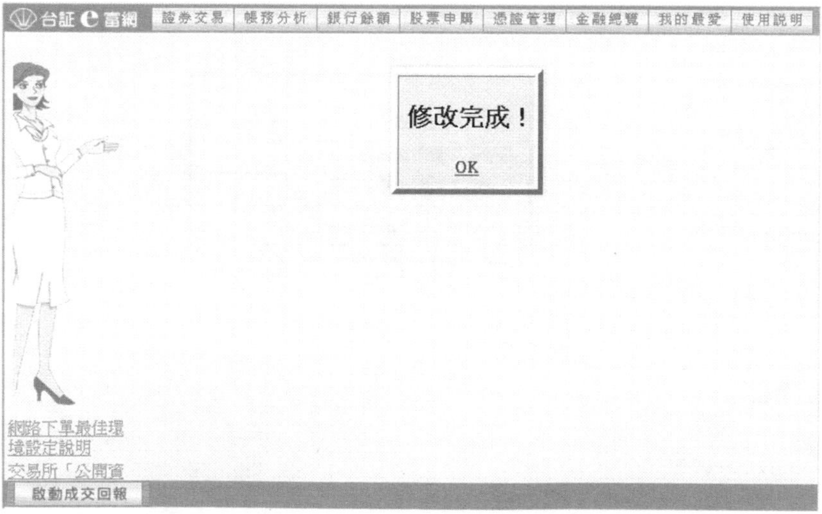

step 5 因為是第一次進入，所以按Enter後，會有一個網路交易同意書的畫面，按同意鍵即可。第二次進來後，你就不會再看到這個畫面了。

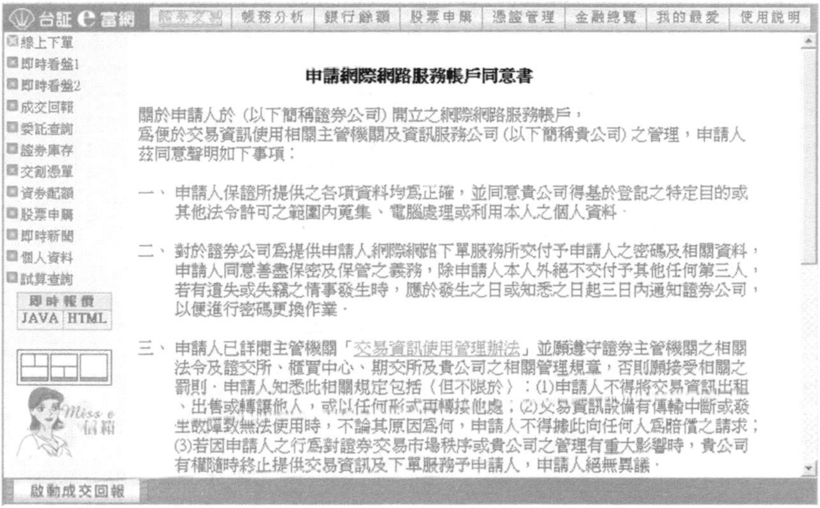
台証 e 富網
帳務分析
銀行餘額
股票申購
憑證管理
金融總覽
我的最愛
使用說明
線上下單
即時看盤1
即時看盤2
成交回報
委託查詢
證券庫存
交割憑單
資券配額
股票申購
即時新聞
個人資料
試算查詢
即時報價
JAVA
HTML
申請網際網路服務帳戶同意書
關於申請人於（以下簡稱證券公司）開立之網際網路服務帳戶，
爲便於交易資訊使用相關主管機關及資訊服務公司（以下簡稱貴公司）之管理，申請人茲同意聲明如下事項：
一、申請人保證所提供之各項資料均爲正確，並同意貴公司得基於登記之特定目的或其他法令許可之範圍內蒐集、電腦處理或利用本人之個人資料．
二、對於證券公司爲提供申請人網際網路下單服務所交付予申請人之密碼及相關資料，申請人同意善盡保密及保管之義務，除申請人本人外絕不交付予其他任何第三人，若有遺失或失竊之情事發生時，應於發生之日或知悉之日起三日內通知證券公司，以便進行密碼更換作業．
三、申請人已詳閱主管機關「交易資訊使用管理辦法」並願遵守證券主管機關之相關法令及證交所、櫃買中心、期交所及貴公司之相關管理規章，否則願接受相關之罰則．申請人知悉此相關規定包括（但不限於）：(1)申請人不得將交易資訊出租、出售或轉讓他人，或以任何形式再轉接他處；(2)交易資訊設備有傳輸中斷或發生故障致無法使用時，不論其原因爲何，申請人不得據此向任何人爲賠償之請求；(3)若因申請人之行爲對證券交易市場秩序或貴公司之管理有重大影響時，貴公司有權隨時終止提供交易資訊及下單服務予申請人，申請人絕無異議．
啟動成交回報

二、變更CA憑證密碼

step 1 CA憑證的取得方式有兩種，一種是自行上網下載，方式是進入憑證管理系統，會出現以下的畫面--CA憑證申請同意書，你只要按同意鍵即可。另一種請見STEP 2。

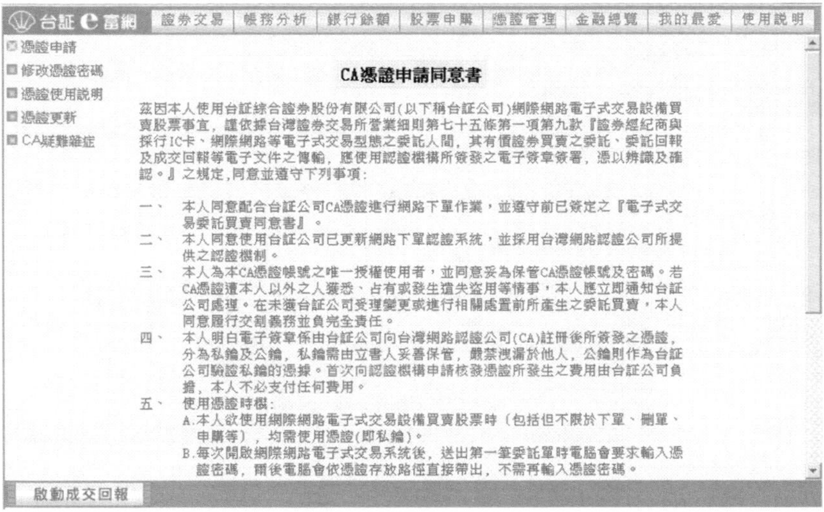
台証 e 富網
證券交易
帳務分析
銀行餘額
股票申購
憑證管理
金融總覽
我的最愛
使用說明
憑證申請
修改憑證密碼
憑證使用說明
憑證更新
CA疑難雜症
CA憑證申請同意書
茲因本人使用台証綜合證券股份有限公司(以下稱台証公司)網際網路電子式交易設備買賣股票事宜，謹依據台灣證券交易所營業細則第七十五條第一項第九款『證券經紀商與採行IC卡、網際網路等電子式交易型態之委託人間，其有價證券買賣之委託、委託回報及成交回報等電子文件之傳輸，應使用認證機構所簽發之電子簽章簽署，憑以辨識及確認。』之規定,同意並遵守下列事項:
一、 本人同意配合台証公司CA憑證進行網路下單作業，並遵守前已簽定之『電子式交易委託買賣同意書』。
二、 本人同意使用台証公司已更新網路下單認證系統，並採用台灣網路認證公司所提供之認證機制。
三、 本人為本CA憑證帳號之唯一授權使用者，並同意妥為保管CA憑證帳號及密碼。若CA憑證遭本人以外之人獲悉、占有或發生遺失盜用等情事，本人應立即通知台証公司處理。在未獲台証公司受理變更或進行相關處置前所產生之委託買賣，本人同意履行交割義務並負完全責任。
四、 本人明白電子簽章係由台証公司向台灣網路認證公司(CA)註冊後所簽發之憑證，分為私鑰及公鑰，私鑰需由立書人妥善保管，嚴禁洩漏於他人，公鑰則作為台証公司驗證私鑰的憑據。首次向認證機構申請核發憑證所發生之費用由台証公司負擔，本人不必支付任何費用。
五、 使用憑證時機:
A.本人欲使用網際網路電子式交易設備買賣股票時（包括但不限於下單、刪單、申購等），均需使用憑證(即私鑰)。
B.每次開啟網際網路電子式交易系統後，送出第一筆委託單時電腦會要求輸入憑證密碼，爾後電腦會依憑證存放路徑直接帶出，不需再輸入憑證密碼。
啟動成交回報

step 2 另一種憑證取得方法是在證券公司的開戶櫃檯領取。

基於安全考量，你必需修改憑證密碼，步驟為插入證券公司交付的「CA憑證磁片」，輸入憑證路徑後，按「瀏覽」鍵就會出現選項，點選進去即可。

接著輸入證券公司最初始給你的CA憑證密碼，再輸入自己設定的密碼後按「確定」鍵即可。

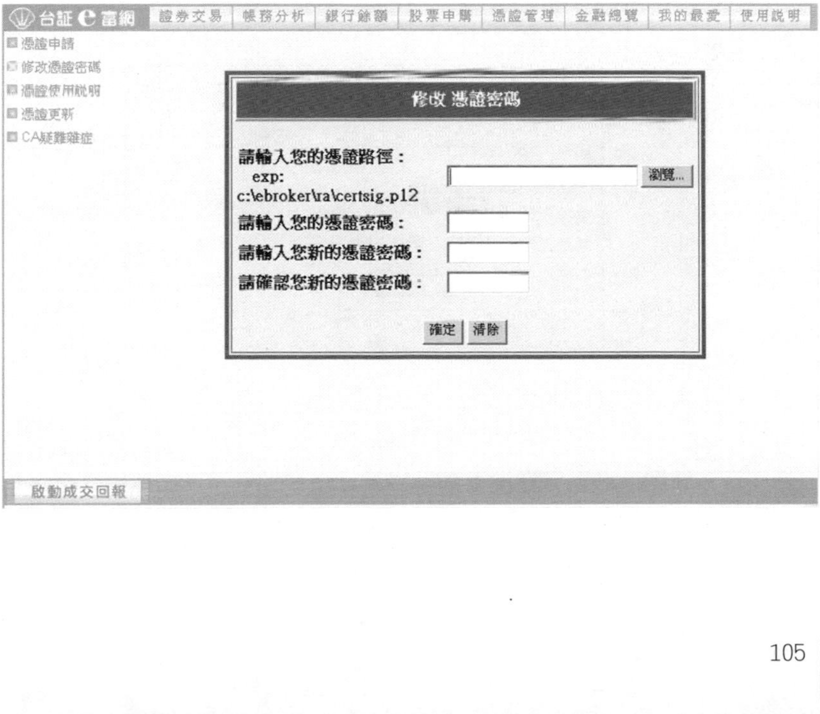

step 3 若程序正確，這時會出現「更改密碼成功」的方塊字。

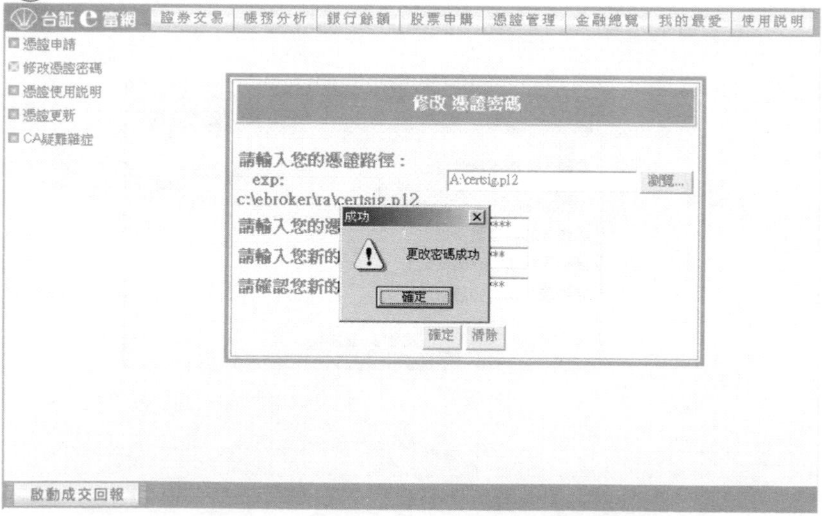

step 4 再次提醒確認密碼修改成功，以後下單就是輸入這個修改後的新密碼。

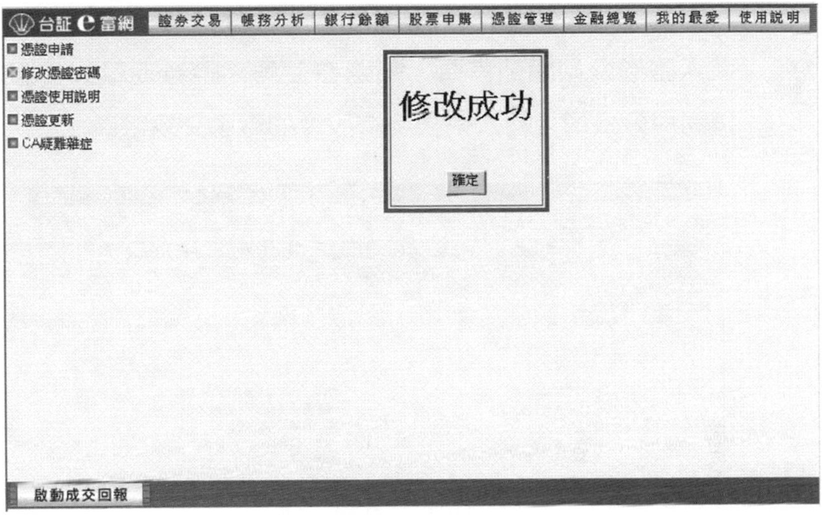

三、正式網路下單囉！

電子交易密碼、CA憑證密碼變更後，就可以正式網路下單了。

step 1 進入證券公司網站首頁，點選右上角「證券下單」，選擇開戶分公司，輸入帳號及修改後的電子交易密碼。

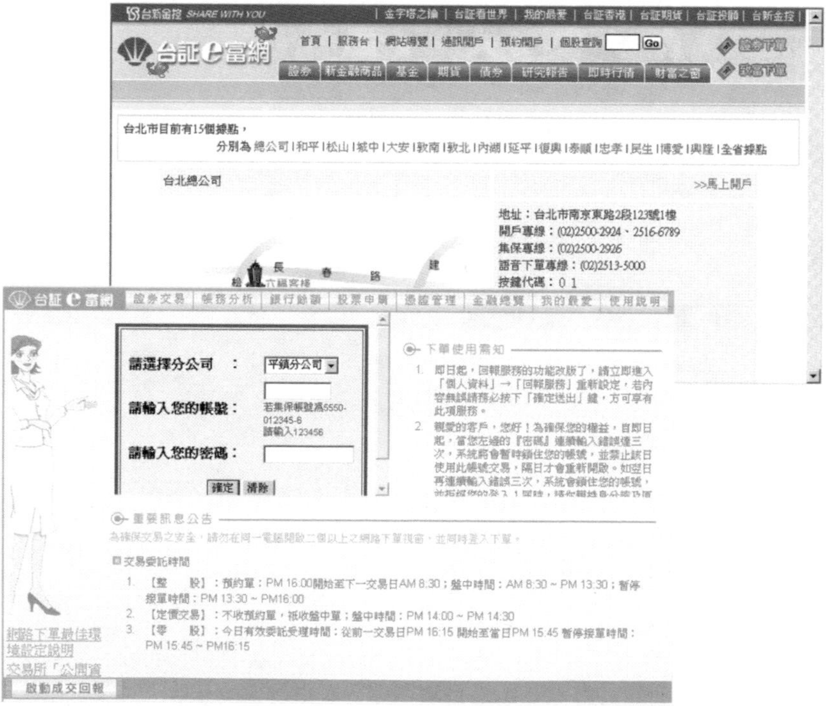

step 2 進入下面的畫面，請看畫面最後一行表格資料，選擇「普」通股或「零」股、「買」或「賣」股票，輸入股票代號、張數或股數、及要以多少價格交易。

有關交易價格，你可以用「限價」委託，也就是輸入你要交易的價格；或者點選「漲停」委託買進、「跌停」委託賣出，這種方式會優先撮合，故比較容易成交在貼近當時的市價。作法為當「買進」時，在畫面上將漲停打「V」即可；當賣出時，則將跌停打「V」。

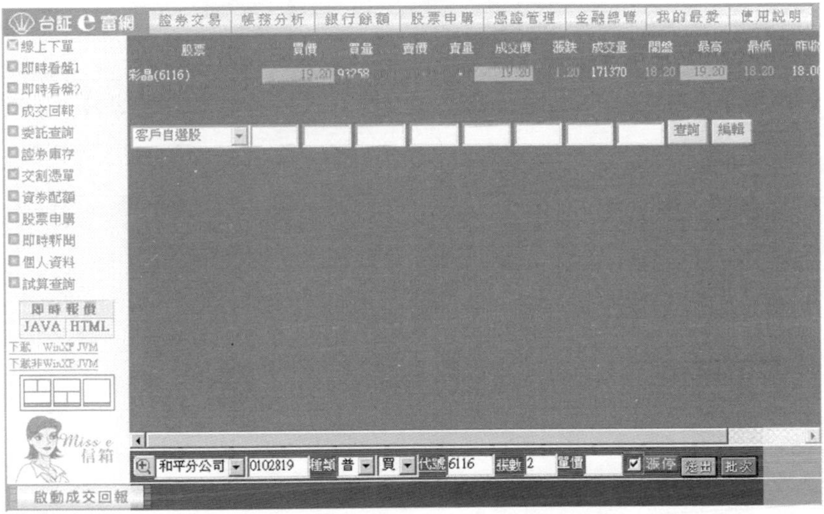

step 3 電腦會第二次提醒你，這張委託單的相關資料，確認沒錯後按「確定」。這張委託單就送出去了。

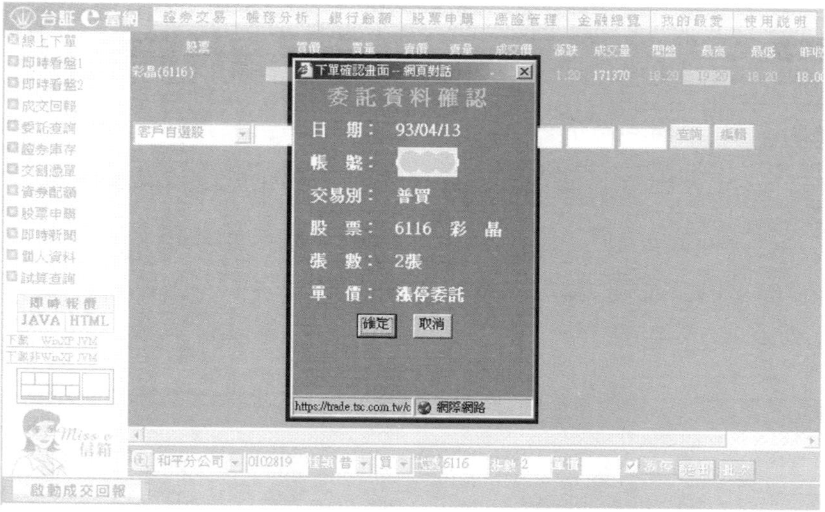

step 4 每次開啓網路電子交易系統送出第一筆股票買賣委託單時，電腦會要求你輸入憑證密碼。之後電腦會根據憑證存放的路徑直接帶出，不需再輸入密碼。

請載入CA憑證路徑及修改後的密碼，按確定鍵。

step 5 如果你是在開盤前下單，則會出現「委託資料傳送中，請於開盤前20分鐘至委託查詢您的委託狀況。」的文字說明。若是在盤中交易，就是（AM09：00～PM13：30）會出現「委託資料傳送中，請至「委託查詢」查詢您的委託狀況」等文字。

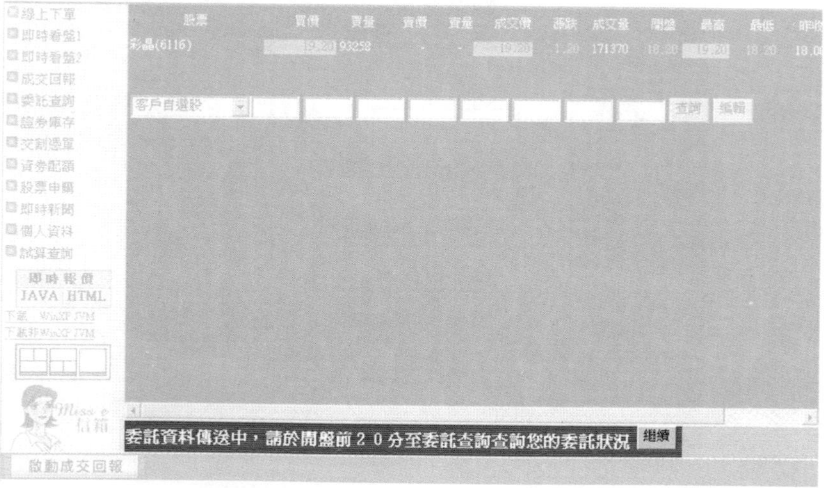

step 6 送出委託單後進入「委託查詢」，隨時可以了解委託狀況是否成功。點選「委託狀態」一欄，你會看到所有買賣委託資料，可能委託成功，也可能是新增待傳送。

另外，投資人要買賣現在盤面價格時常會以「市價」稱呼，但如果上網下單，可能會找不到「市價」的字眼，這是因為證交所的規範，所以券商的下單介面裡，會採用不同的方式表達「目前的價位」，以台証為例，以貼近市價買進按「漲停」、以貼近市價賣出時按「跌停」。

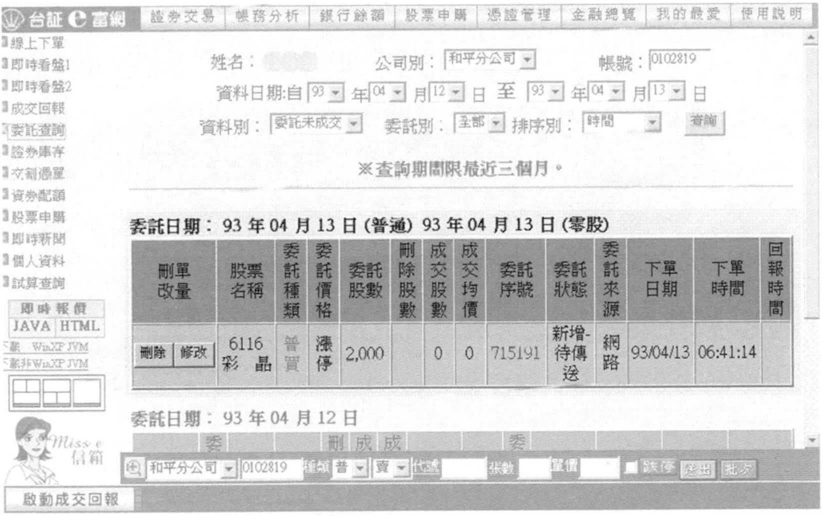

所謂的「委託成功」並不是代表交易成功，這時如果你後悔不想交易了，可以按刪除鍵，取消這筆委託。

要特別注意的是，由於買賣是由電腦撮合，所以如果你以貼近市價買賣（即點選漲停買進或跌停賣出），很可能在幾秒中就交易成功，要刪除取消可能就來不及了，所以要下單前還是要想清楚。

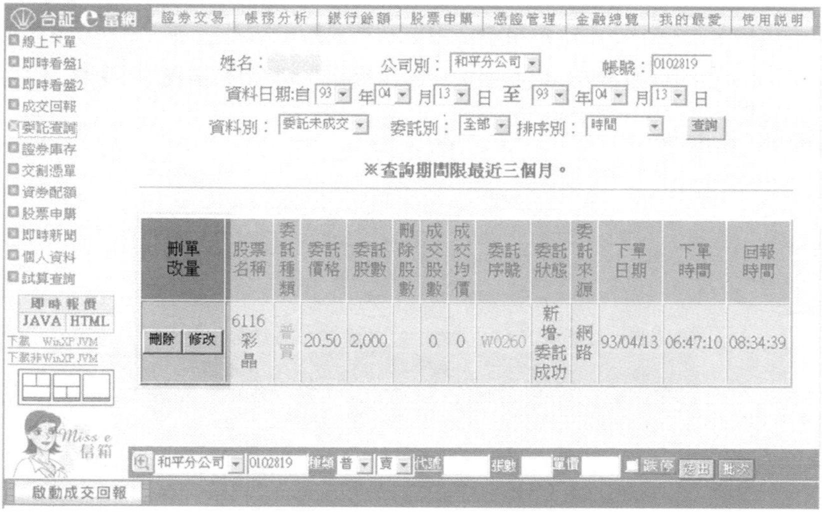

step 7 要看看是否交易成功，可在選單上進入「成交回報」。如果畫面上出現相關成交的資料，表示你成交了可以買到你要的股票；也可能一直等到市場交易結束，還沒有買到股票。

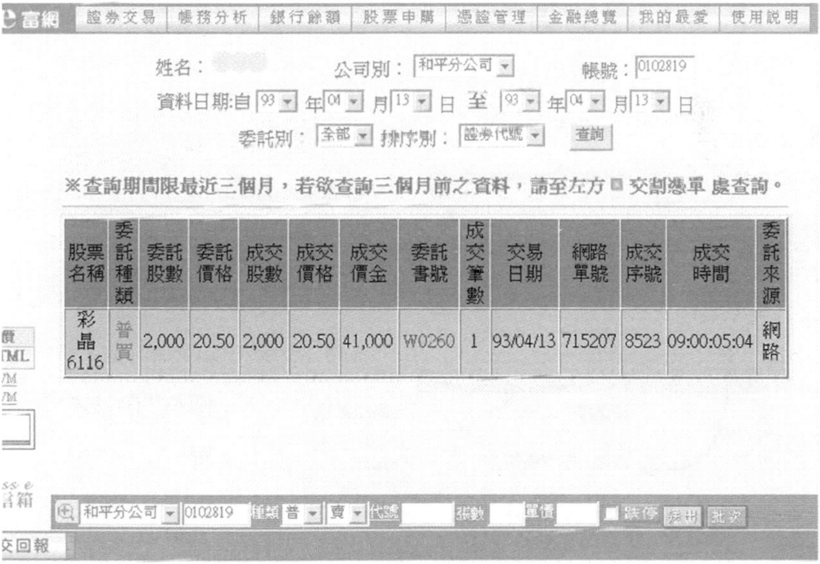
證券交易 帳務分析 銀行餘額 股票申購 憑證管理 金融總覽 我的最愛 使用說明

姓名： 公司別：和平分公司 帳號：0102819

資料日期:自 93 年 04 月 13 日 至 93 年 04 月 13 日

委託別：全部 排序別：證券代號 查詢

※查詢期間限最近三個月，若欲查詢三個月前之資料，請至左方 交割憑單 處查詢。

股票名稱	委託種類	委託股數	委託價格	成交股數	成交價格	成交價金	委託書號	成交筆數	交易日期	網路單號	成交序號	成交時間	委託來源
彩晶 6116	普買	2,000	20.50	2,000	20.50	41,000	W0260	1	93/04/13	715207	8523	09:00:05:04	網路

和平分公司 0102819 種類 普 賣 代號 張數 單價 鎖停 送出 批次

交回報

看盤室、基本面、技術面

用網路掌握你要的股票資訊

利用網路看盤，按規定若非會員你所看到的「盤」是20分鐘前的資料，建議利用所開戶的證券公司網站直接登入，下單和看盤一塊兒比較省事。

設定自己的看盤室

●**步驟一：**

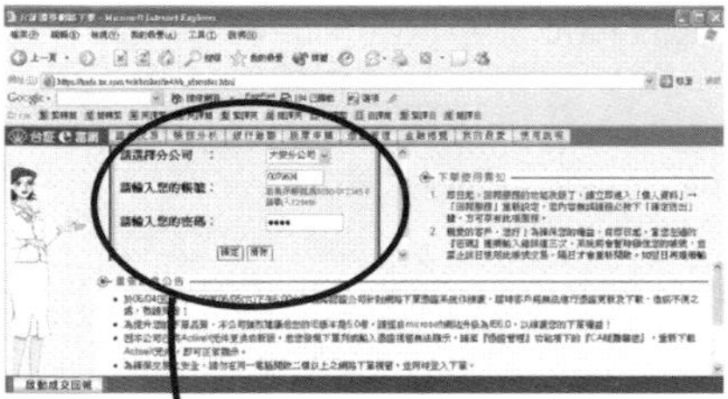

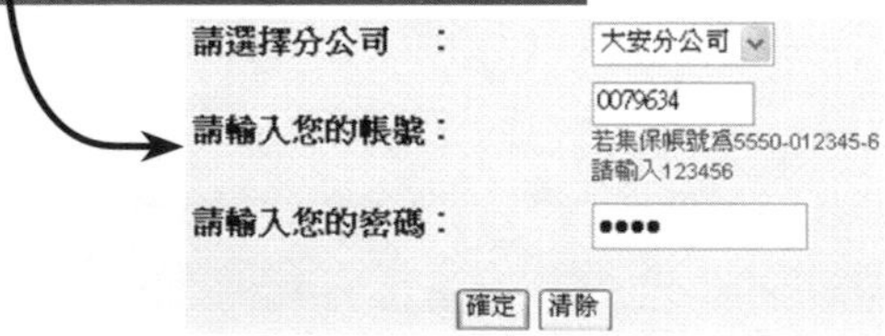

先登入會員，才能享受各種免費的網路資源。
本例以「台証證券」為例，若你是其他公司的會員，操作程序也大同小異。

●步驟二：

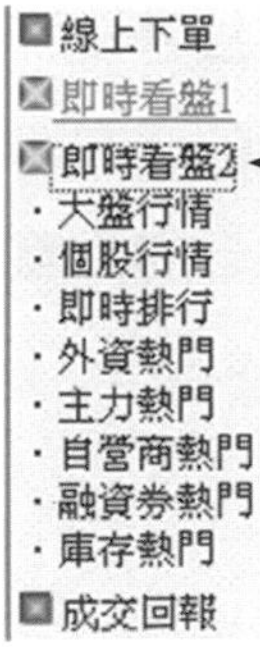

點選「即時看盤2」，一開始的畫面通常是證券公司為客戶所選的個股即時報價，可以當成參考。

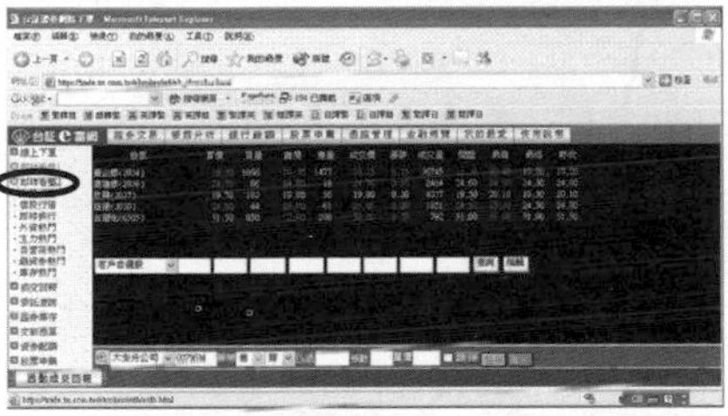

或直接進行下個步驟。

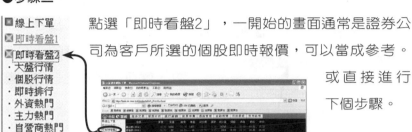

●步驟三：

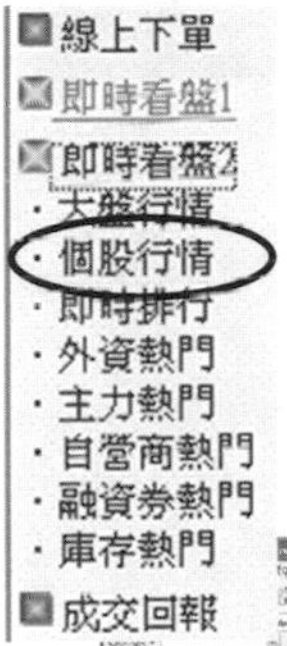

先下拉「即時看盤2」選單，點選「個股行情」。之後再下拉「自設股」選單，就能看到「自設1」「自設2」……。你可以按照偏好選擇自設族群，

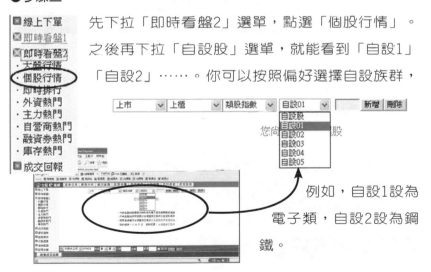

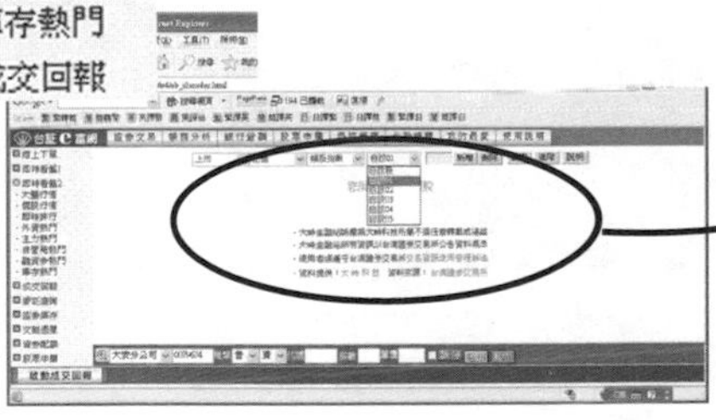

例如，自設1設為電子類，自設2設為鋼鐵。

●步驟四：

鍵入股票代碼後，接著按「新增」，一筆一筆的逐次建立，就可以建立自己的看盤室了。

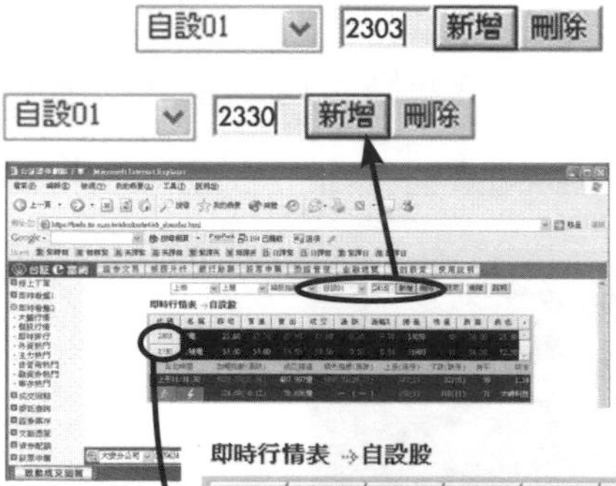

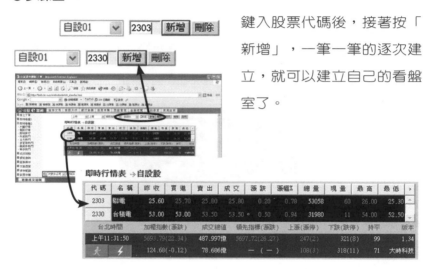

即時行情表 → 自設股

代碼	名稱	昨收	買進	賣出	成交	漲跌	漲幅%	總量	現量	最高	最低	>
2303	聯電	25.60	25.70	25.80	25.80	0.20	0.78	53058	60	26.00	25.30	
2330	台積電	53.00	53.00	53.50	53.50 ○	0.50	0.94	31980	11	54.00	52.50	
台北時間		加權指數(漲跌)		成交總值		領先指標(漲跌)		上漲(漲停)		下跌(跌停)	持平	版本
上午11:31:50		5693.79(22.34)		487.997億		5697.72(26.27)		247(2)		321(8)	99	1.34
		124.68(-0.12)		78.686億		— (—)		108(3)		318(11)	71	大時科技

●步驟五：

看盤室設定完成。

每次打開電腦就能看到自己要看的股票即時行情了。

即時行情表 → 自設股

代碼	名稱	昨收	買進	賣出	成交	漲跌	漲幅%	總量	現量	最高	最低	>
2409	友達	53.00	53.50	54.00	54.00	1.00	1.89	94400	29	54.50	52.50	
2475	華映	17.40	17.90	18.00	17.90	0.50	2.87	96713	74	18.00	17.30	
2303	聯電	25.60	25.70	25.80	25.80	0.20	0.78	52639	10	26.00	25.30	
2330	台積電	53.00	53.00	53.50	53.50	0.50	0.94	31832	14	54.00	52.50	
2416	世平	29.20	29.60	29.70	29.70	0.50	1.71	1305	3	29.90	29.10	
台北時間		加權指數(漲跌)		成交總值		領先指標(漲跌)		上漲(漲停)		下跌(跌停)	持平	版本
上午11:27:48		5693.50(22.05)		484.459億		5697.59(26.14)		257(2)		314(8)	96	1.34
		124.56(-0.24)		78.172億		— (—)		108(3)		320(12)	69	大時科技

■ 輕鬆掌握基本面

買賣股票一定不可缺少的資訊，諸如總體經濟面、產業面與個股消息，利用網路查詢，好處真的很多，你可以到財經網站查詢，或直接上你所開戶的證券公司網站。本文僅以「台証e富網」為範例說明。

● 基本面——總經

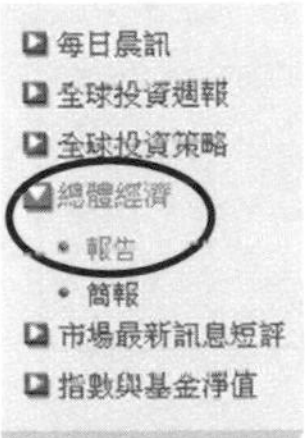

先連上證券公司的網站，點選順序為「研究報告」→「理財研究區」→「總經」。就能看到國內外重要的經濟新聞標題。

以台証e富網為例，總經研究分析僅提供給自家客戶瀏覽，非會員可以看到的只有標題，內容部分要有帳號及密碼才能登入，而這一組密碼跟網路下單的密碼是不同的，若有需要，可以透過你的營業員免費取得密碼。

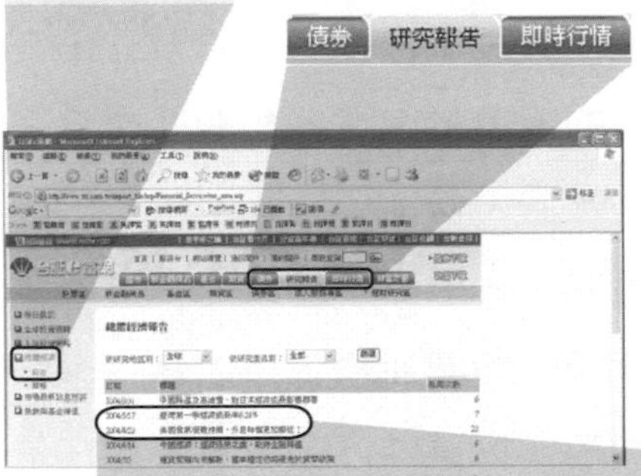

2004/5/17	臺灣第一季經濟成長率6.28%
2004/4/22	美國景氣復甦持續，升息時機更加接近！

● 基本面——產業

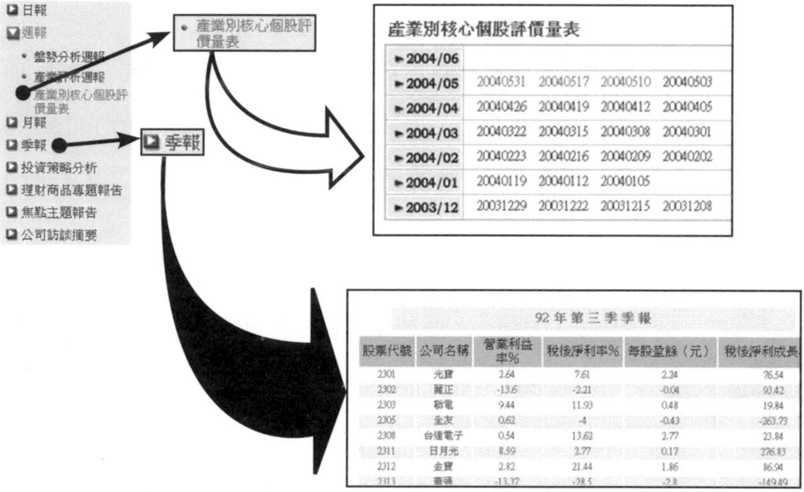

產業別核心個股評價量表

►2004/06				
►2004/05	20040531	20040517	20040510	20040503
►2004/04	20040426	20040419	20040412	20040405
►2004/03	20040322	20040315	20040308	20040301
►2004/02	20040223	20040216	20040209	20040202
►2004/01	20040119	20040112	20040105	
►2003/12	20031229	20031222	20031215	20031208

92 年 第 三 季 季 報

股票代號	公司名稱	營業利益率%	稅後淨利率%	每股盈餘（元）	稅後淨利成長
2301	光寶	2.64	7.61	2.24	76.54
2302	麗正	-13.6	-2.21	-0.04	93.42
2303	聯電	9.44	11.93	0.48	19.84
2305	全友	0.62	-4	-0.43	-263.73
2308	台達電子	0.54	13.62	2.77	23.84
2311	日月光	8.59	2.77	0.17	276.83
2312	金寶	2.82	21.44	1.86	86.94
2313	華通	-13.37	-28.5	-2.8	-149.49

點選「研究報告」→「股票」，在左邊的選單就有很多相關產業與個股的報告，包括「日報」、「周報」、「月報」、「季報」……等等，一般關心產業的投資人，會參考季報，看看類股的獲利狀況，股票新鮮人可以參考季報資料，從「排排站」的各家公司裡，挑選中意的股票。實在是十分方便。

● 基本面——個股

點選「研究報告」→「股票」→「公司基本資料」，就能查看每檔股票的財報基本資料。要切換每一檔股票只要再輸入該公司的股票代碼就能查得到了。

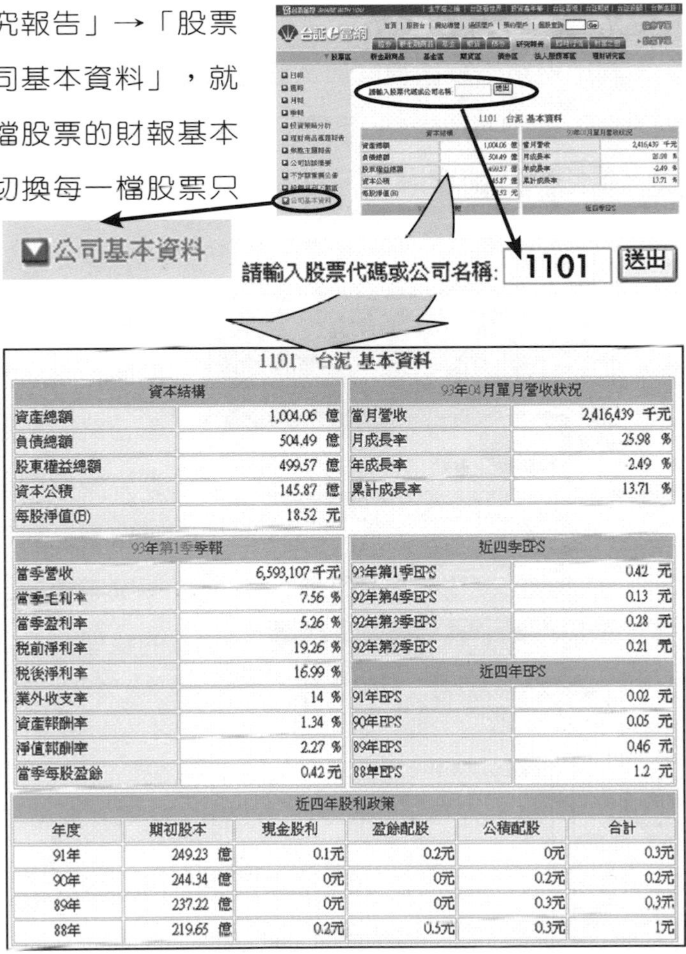

1101 台泥 基本資料

資本結構		93年04月單月營收狀況	
資產總額	1,004.06 億	當月營收	2,416,439 千元
負債總額	504.49 億	月成長率	25.98 %
股東權益總額	499.57 億	年成長率	2.49 %
資本公積	145.87 億	累計成長率	13.71 %
每股淨值(B)	18.52 元		

93年第1季季報		近四季EPS	
當季營收	6,593,107千元	93年第1季EPS	0.42 元
當季毛利率	7.56 %	92年第4季EPS	0.13 元
當季盈利率	5.26 %	92年第3季EPS	0.28 元
稅前淨利率	19.26 %	92年第2季EPS	0.21 元
稅後淨利率	16.99 %	近四年EPS	
業外收支率	14 %	91年EPS	0.02 元
資產報酬率	1.34 %	90年EPS	0.05 元
淨值報酬率	2.27 %	89年EPS	0.46 元
當季每股盈餘	0.42 元	88年EPS	1.2 元

近四年股利政策

年度	期初股本	現金股利	盈餘配股	公積配股	合計
91年	249.23 億	0.1元	0.2元	0元	0.3元
90年	244.34 億	0元	0元	0.2元	0.2元
89年	237.22 億	0元	0元	0.3元	0.3元
88年	219.65 億	0.2元	0.5元	0.3元	1元

■ 技術面與選股方式

利用網路看技術線圖與選股比報紙方便多了，而且，通常只須登入帳號與密碼，一般是不收費的。

● 看個股技術線圖

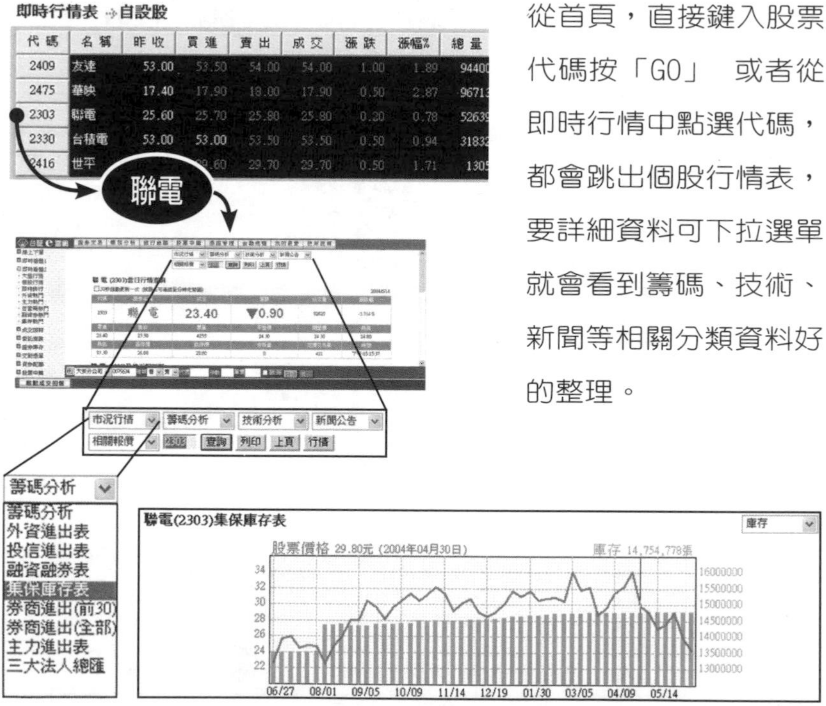

從首頁，直接鍵入股票代碼按「GO」 或者從即時行情中點選代碼，都會跳出個股行情表，要詳細資料可下拉選單就會看到籌碼、技術、新聞等相關分類資料好的整理。

● 各式便捷的選股方式

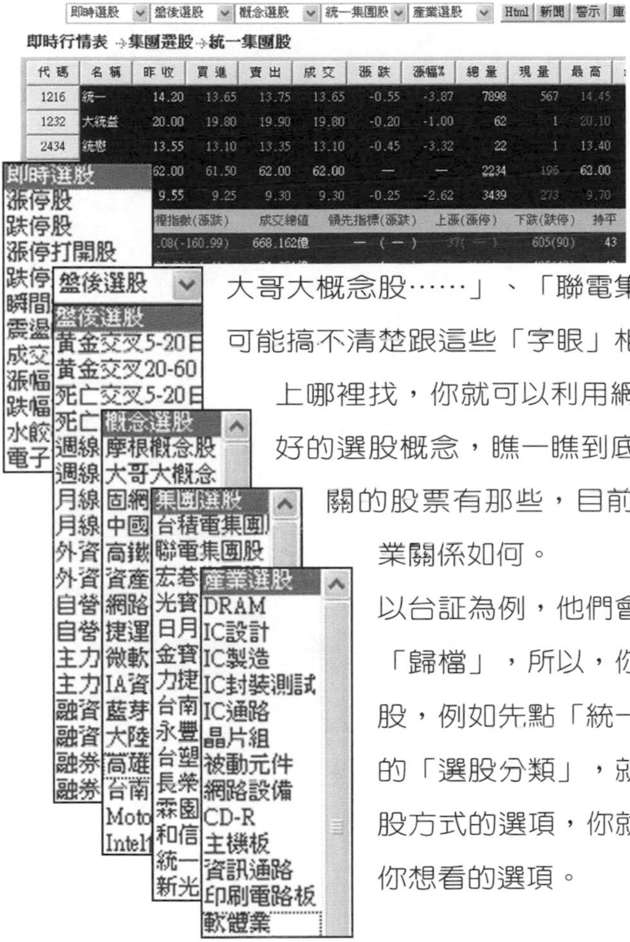

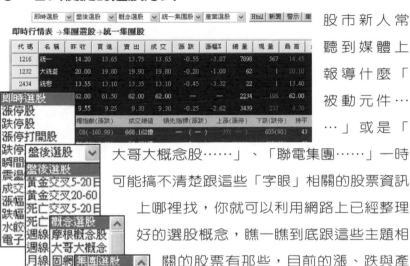

股市新人常聽到媒體上報導什麼「被動元件……」或是「大哥大概念股……」、「聯電集團……」一時可能搞不清楚跟這些「字眼」相關的股票資訊上哪裡找，你就可以利用網路上已經整理好的選股概念，瞧一瞧到底跟這些主題相關的股票有那些，目前的漲、跌與產業關係如何。

以台証為例，他們會把每一檔股票「歸檔」，所以，你可以先點選個股，例如先點「統一」，再點選它的「選股分類」，就會跳出各式選股方式的選項，你就可以從中點選你想看的選項。

How to pick up a stock?

PART 4

開始著手選股

上千檔的股票，怎麼選？

建議你從自己的理財計畫出發，

因為規律永遠是致富最安全的捷徑。

不過，基本功也要先練一練。

短期、中期、長期投資

選股前，要先有個「計畫」

第一次買股票的人總會問「XX股好不好」？

其實，最好的方式是先問問自己，你手上的錢是要進行短期的？中期的？還是長期投資計畫。

如果你沒有忘記，本書前面曾提到外資的幾種類型，很明顯的，以長期投資為目的的外資幾乎是不怎麼選股換股的，反正就是知名的龍頭股買定離手後，就等著幾年後收割。但以實現短期利益為目的的外資，就會選擇小型股，風險雖高但利潤也豐富，所以，如果你是那種已把手上投資股票的錢分類妥的投資人，就可以按照自己的投資計畫（短、中、長）期選擇不同的股票，當然，也要配合不同的操作方式了。

每一個人對所謂的「短、中、長」期投資的解讀不同，你可以參考右表的方式，也可以自己擬定投資周期，總之，投資賺不賺得到錢，規律是很重要的，因為一旦失去規律，就容易上漲時捨不得賣，下跌時又賣不下手，如此一來，即使選對股票，也不容易賺得到錢啊！

操作方式	期間	選股方向	策略
短期	5～7個交易日	☆有題材 ☆股價上下震盪大	賺取短期震盪差價。
中期	20～30天	☆股票體質佳。 ☆波段低點。	賺取波段差價。
長期	一季到三年	☆經營理念佳。 ☆有長線爆發力的產業與公司	☆當股東心態。 ☆會參加除權息。

短期操作選股重點--股票動能((PRICE MOMENTUM)

有些投資人買股票是「不放假」的，也就是說，他們的股票買進後，會在一周內處理掉，也許設定3～5%的停損停利點，賺到就跑，萬一沒有看對行情，也絕不戀棧。

短線投資者「不貪多、不等待」的心理準備要很充足，若是能嚴守這種投資原則，就算不懂什麼技術線圖的人，又是忙碌的上班族，其實也可以賺到錢，因為基本面不錯，股價一周內上下震盪總有5～10%的股票有不少。

採短期操作策略，股票到底「值」多少，往往會變成是第二順位該考慮的，反正卯定了就是要賺它震盪的差價，若把一大堆選股原則全都納入考慮，反而模糊選股焦點。

中期操作選股重點--追求成長（GROWTH）

中期操作型的投資人，建議要多留心公司本身的成長。

投資股票跟經營公司道理一樣，「成長」永遠是第一位，不但營收、營利要有成長，而且成長的速度不能太慢。

不過，追求成長性的投資標的，不是沒有風險，就像網路股泡沫化，來得急去得也快，這種成長型的股票，雖然後來泡沫化，但許多做中線投資的投資人，把停損停利點嚴守住，行情一段一段地賺，當產業成長受阻股價漲不上去就快快認賠出場，還是有利可圖的。

長期操作選股重點--尋找價值（VALUE）

長期投資可以放到三年甚至更久，報酬率期望值在30%以上都算是合理的。不過值得注意的是，現在產業變動很快，大約每隔兩、三年就有一個產業會興起，能不能持續散發熱力，投資人得用心的觀察。所以，即使抱定長線的投資人，也不可能買了就不理它，一旦發現產業前景走下坡、獲利能力欠佳，就不能戀棧。

如果大家還有記憶，當年全球知名的肯尼士企業、王安電腦都曾紅極一時，但是，如今安在哉？

過往的產業大多有土地、廠房等固定資產，即使要敗亡也有「百足之蟲死而不僵」的效應，但現在「智價產業」興起，跟不上市場的企業要垮的速度是很快的，因此，抱定長期投資的投資人一定要有風險控管觀念。

長期投資要賺到錢道理很簡單--就是買到便宜的股票！

一家公司具有100元/股的潛力，目前市價只有40元/股，你就現在用40元價格買進，等到它快到100元時賣掉就能獲利。

加減乘除很簡單，但你如何評估股票價值?這就是門大學問了。

一般來說，能選到具有長期投資價值的標的，也就是股票的價值目前是被市場低估的，投資人必須逆市場而為，要能大膽的逆勢操作，自己必須對股票投入相當的心力，才能對歷史價格、每年配息配股、產業前景、獲利能力、股東變化、經營策略都相當熟悉，最後才會有自己的「買進賣出目標價位」。

長期投資者花在研究與等待的時間非常多，而且是單一產業或企業「集中火力」的研究，當然也不是進出股市的常客。

Column

投資方向盤一定要跟著主流，所謂的主流，就是主要的力量都匯集在這裡。像早期的水泥、紡織、塑化，和這幾年的電子。

但是主流會變，認真的投資人就是掌握主流變化隨時進行調整。

⇨⇨ 基本面、技術面、消息面

選股的三個基本分析

投資前要先作功課，但要作什麼功課呢？一般來說，就是看基本面、技術面與消息面。

這些功課能練熟一些當然很好，但是，在此還是要建議投資人要用「盡信書，不如無書」的心情來看待這些分析工具，而是要回過頭來把自己的「理財目標」與「風險規畫」做好，才是比較踏實的。不少精於分析的投資人，失敗就是失敗在自己對自己的分析太過自信了。本來投資股票的目的是賺錢，到最後卻是在證明「自己不會錯」，那就不如什麼分析也不會，傻傻買、傻傻賣，只進行風險控管反倒還有機會賺到錢。

■ 基本分析

所謂的基本分析就是，根據國內外經濟景氣、產業概況、企業本身的基本條件，以研判股票的「絕對價值」和「內在價值」。

基本分析最重要就是閱讀財務報表，雖然股市總在一段時間就出現「地雷」而打擊投資人對財報數字的信心，但跟其他分析工具比起來，這算是最務實的分析方法。至少，可以看出公司經營能力與獲利能力。

不過，看財報買股票學問很大，沒有幾年功力細細體會，一般散戶也不容易捉到應用的門道。

三個重要的財報數字

1.每股純益——稅後每股賺多少

計算公式

每股純益計算公式：

每股純益＝稅後純益÷流通在外的普通股

就是每張股票票面成本（10元），可以賺多少錢。如果每股純益2元，表示你給公司10元，這一年它幫你賺了2元。

如果平均5年，每股純益3元，那就表示很不錯了。

2.淨值報酬率——為股東賺的報酬率

計算公式

淨值報酬率計算公式：

淨值報酬率＝每股純益÷每股淨值

淨値報酬率，又稱為股東權益報酬率，比每股盈餘重要，因為這個數值才是企業為股東所賺得的實際報酬，它可以說明這家公司到底賺不賺錢。

可以觀察最近三年的平均淨值報酬率，如果超過25%，表示是不壞的公司，可以列入投資考慮。

3.本益比——股價是否偏高或低

計算公式

本益比公式：

本益比＝股票市價÷每股盈餘

本益比的意義你可把它想成--你所投資的所有錢，光靠這家公司的每年配股、配息，要幾年才能賺回所投資的全部（假設，這張股票的市價一直維持不變。）

比方說，A公司目前股價是每股50元，它的每股盈餘是2元，本益比就是50÷2＝25，也就是說，如果你現在買一張A公司的股票須要經過25年的配息配股，才能賺回所有你投資的錢。所以，相中了某一檔股票，總要在它本益比低的時候買進比較有利，如上例A公司股價30元，本益比就只有15，相較於本益比在25的時候，「贏」的勝算就高多了。

一般說來，本益比高通常意謂著產業屬於高成長期，因為對投資人而言唯有股價具備「明天會更好」的想像空間，大家才願意花那麼貴的錢去買。

但也可能有看錯的時候，比方說，幾年前網路剛興起的時候，許多網路股「本益比」竟高達150，投資人仍搶著買進，還聲稱「貴得有理」。到網路股狂跌時，投資人如夢初醒，才覺悟到「本益比」還是很管用的，盲目追求「本夢比」實在不是可取的。

專家建議，投資人可以挑本益在15～20作為評估，但這也不是絕對，投資人可以配合該公司的未來前景與整體產業發展趨勢一起考慮。

■ 技術分析

技術分析是根據股價與成交量等歷史數據，將它們歸納整理成圖表、曲線等，以推測股價走勢的一種方法。

相信技術分析的人認為：「股市未來的趨勢，是過去歷史重複。」所以，這些線圖與公司本身的體質無關，而是運用數字推測未來走勢的一種方法。最基本的有以下兩種線圖：

● K線圖

K線圖分日K線、週K線、月K線，以日K線為例，它是當天的開盤價、收盤價、最高價、最低價所畫成的。

【收盤價高於開盤價，用陽線表示，代表股價上升。】

(彩色印刷時為紅色。)

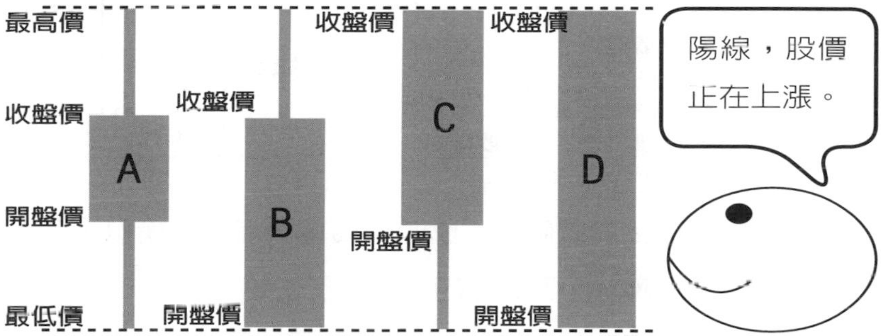

A.股價曾震盪到比開盤價低，比收盤價高的價位，所以，留下了上、下影線。

B.交易途中，出現比收盤價更高的價位，所以留下上影線。表示股價上漲時遇到反壓力道。

C.交易途中，出現比開盤價更低的價位，所以留下下影線。表示股價下跌時有支撐。

D.股價一路攀升，直到結束交易都一直強勢上漲。

【收盤價低於開盤價,用陰線表示,代表股價下跌。】

(彩色印刷時為白色。)

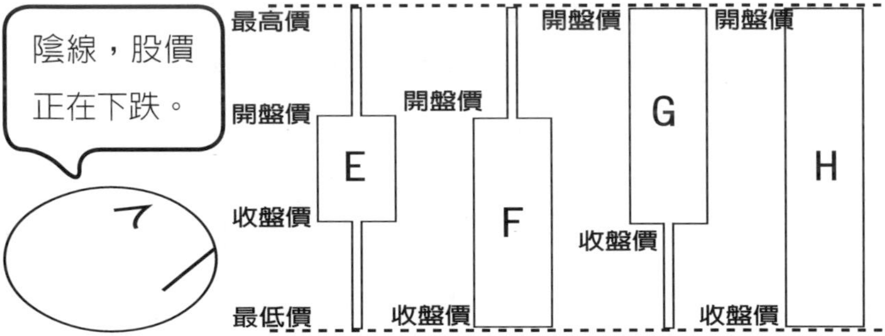

E.股價曾震盪到比開盤價高,比收盤價低的價位,所以,留下了上、下影線,表示多空交戰。

F.出現比開盤價更高的價位,所以留下上影線。先漲後跌,反彈無力,空頭氣勢強。

G.出現比收盤價更低的價位,所以留下下影線。跌勢雖強,但往下得支撐。

H.股價一路下滑,直到結束交易都一直疲軟不振。

MACD(移動平均線)

移動平均線是根據股價的移動平均值以圖表化繪製成的,

是分析股價走勢的方法之一。例如，5日均線是連接「第一天到第五天」、「第二天到第七天」、「第三天到第八天」……平均股價的連接線。

一樣的道理，如果你看到是60日均線，那麼就是「第一天到第60天」、「第二天到第61天」平均股價連起來的線圖。

【移動平均線】

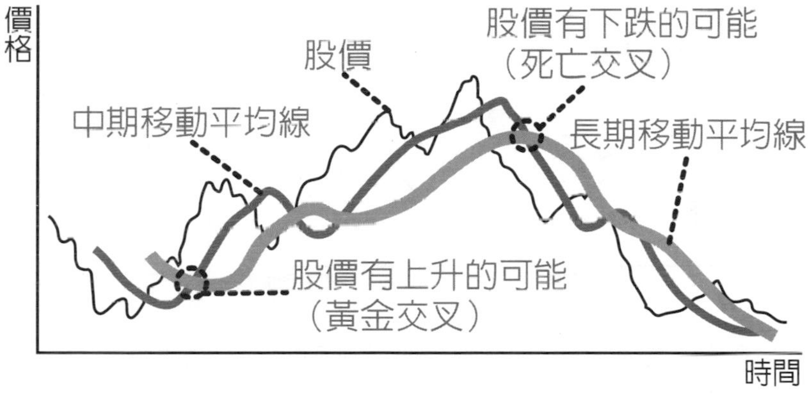

確定為一個上漲的格局時，一般來說，短期的均線會比中期的均線先上升，中期均線又會比長期均線先上揚，這就常被視為是股價翻轉攀升的訊號。反之，如果股價將形成往下走的趨勢，短期均線會先下滑，接著就是中期均線，最後長期均線

也跟著向下走，這個道理是很容易明白的。但是，這只是預測股價交易世界裡的指標之一，若單靠這個指標買賣股票，是頗危險的哦。

● 何謂股價趨勢

在股票交易世界裡，趨勢是指股價開始上漲起，短時間內持續上漲，或是股價下跌起，短時間內持續下跌的情形。

【各種股價走勢】

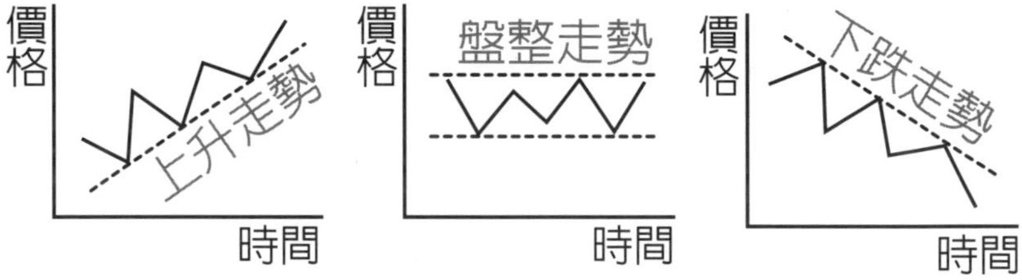

股價上下震盪，但基本上是上升的基調。

股價上揚下跌不斷地重覆，呈現缺乏變化的泥沼狀態。一般稱為盤整期或橫向整理。

股價上下震盪，但基本上是下跌的基調。

利用任何技術線圖分析，一定要有正確的認識--線圖並非企業真正價值的體現，而是投資人心理的變動。

而且，僅研究一個技術線圖容易失真，因為廣度不夠，最好能配合三種或更多以上的技術線圖研讀，但這種作法又變得十分複雜。這裡的建議是，懂一點就好，就算你很懂，也不能太過自信。

■ 消息面分析

買的人多價格就上漲，賣的人多價格就下跌，因為決定者是「人」，所以，投資大衆的心理因素就變成影響股價的大變數。尤其國內投資人對「消息」反應特別敏感，從某個遙遠國家的打仗到一場沒營養的政治口水，股價都有可能全面漲（跌）停。雖然理性的投資人常為這種事情大罵「無聊」，但無聊歸無聊，它還是很具體的反應在股價上。懂得操作的人反而能在這種消息面的震盪中賺到快錢。

當然，消息面影響股價也不完全是無厘頭的情緒，很多重要的產業新聞的確大大的影響股價。例如，當大陸在經貿政策上對國內釋出利多時，中概股常常就「應聲翻紅」，而產業原物料的波動，對股價有絕對性的影響，這些消息投資人是不能不關心的。一般來講，投資人對消息面的觀察有幾個方向：

1.對總體經濟的未來是利多？還是利空？

2.對產業的前景是看好？還是看淡？

3.對公司的未來有信心？還是悲觀？

4.對國內政治前途耳語是看多？還是看空？

上漲走勢

買的人多，
賣的人少，
股價上漲

下跌走勢

賣的人多，
買的人少，
股價下跌

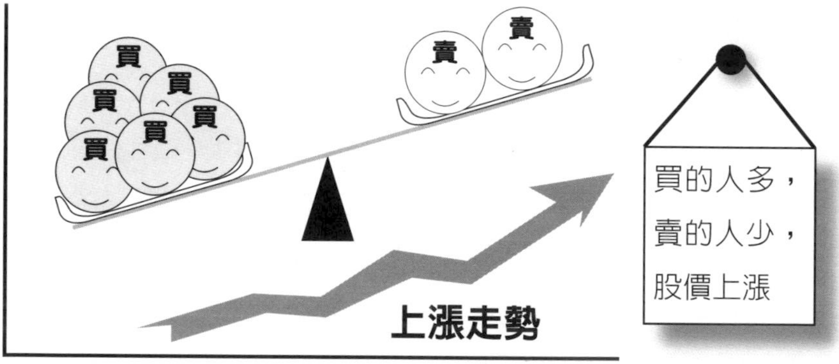

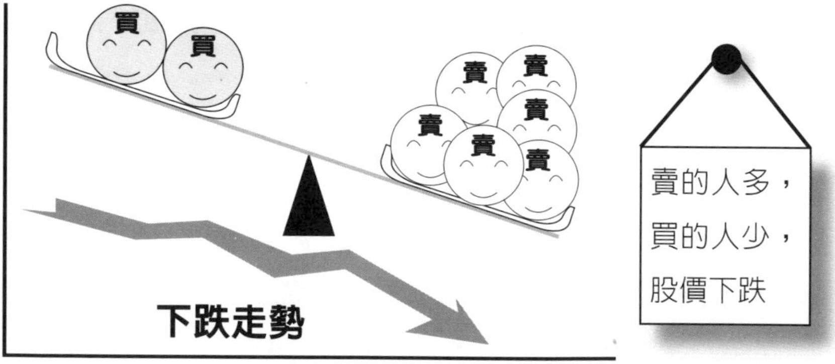

Column

消息面對「概念股」常有齊漲齊跌的效應，可以利用網路資料已經整理好的資料，即時掌握概念股的漲跌。

明星產業、集團龍頭

股市新鮮人的投資建議

對股市新鮮人而言，可能下單都有點手忙腳亂，更別說看財報、技術線圖選股票，所以，把你的第一張股票就交給明星產業的龍頭股，雖然不一定是「賺錢」的選擇，卻是相對比較安全的方式。

明星產業

有人稱明星產業又叫主流產業或優勢產業，顧名思義，明星產業就是現在最紅的產業。

每一個年代都有它當紅的產業，就像明星一樣，像早年的白光、凌波跟現在的張惠妹，這些明星隨著時代的不同，不但「主角」換了，連樣貌也完全不同。產業的輪動道理也一樣，國內在七〇年代金融、家電、營造是主角，但八〇年代就換成電腦、網路、半導體，現在當紅的則有3C通訊業、面板、IC設計及中國概念股等。

投資每一段期間的主流產業股是初入門者比較不容易出錯的，因為主流產業投資的人多，股票流通性高，資訊容易取得，縱然這個產業已經到了景氣高峰期，接著可能進入產業衰退期了，但跟投資一個已確定是「夕陽產業」或是具備明日之星架勢的「新興產業」相比，風險相對的要低很多。

尤其是初投資股票的人，對所謂的「新興產業」更要抱著高度懷疑的心情，因為萬一「新興」不起來，那麼跌勢往往就是有點小恐怖。

● 如何找出有潛力的明星產業

那一種產業是目前的明星產業?而這種產業現在又處於景氣的那一個階段（復甦、成長、高峰、衰退、谷底），可以有以下幾個努力重點：

1. 留意報章、券商、財經網站上的「總體經濟報告」、「產業研究報告」和「個股研究報告」。
2. 從環境中觀察出投資契機。例如，你發現現在所有的電子產品全換成了液晶面板，就可以多留意這項產業。另外，如果你到大陸去玩，看到很多似曾相識的的國內品牌，在當地銷售狀況不錯，就可以多留意中概股。

產業景氣一般會有以下五個階段，雖然圖示每個位階都是一樣「大塊」，但不表示每一個位階走的時間都是一樣的。

【產業景氣圖】

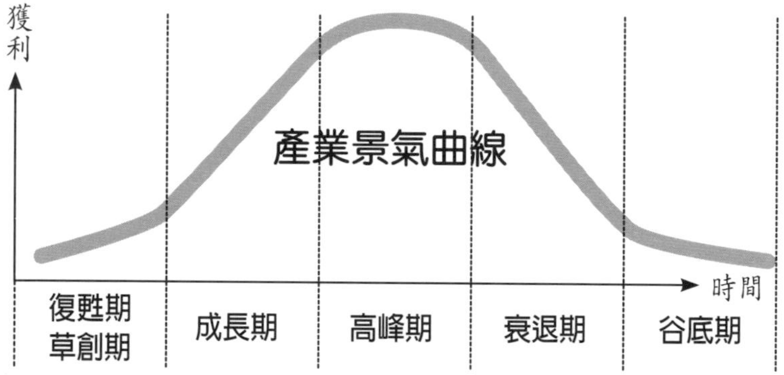

產業景氣	股市現象
復甦期	營收、獲利漸入佳境，媒體開始有人關注。
成長期	媒體出現該產業營收、獲利迭創新高的訊息。
高峰期	該產業成為媒點報導重要焦點之一，號子裡、巷弄間人人對該產業的幾家重要廠商的老闆、今年賺幾塊錢，都能說上一兩句。但獲利已經不似往日「迭創新高」，成長力道持平。
衰退期	產業的營收、獲利已經有明顯衰退的現象，具指標性意義的投資法人已經開始出脫持股。
谷底期	媒體不再追逐產業動向，營收、獲利下滑，也常見負成長。

集團龍頭股

產業界龍頭公司的排名時有變異，科技類股尤甚。

下表一是依照電子科技類股，另一是按上市十九種產業分。

【依電子熱門產業分】

產業	代表龍頭
晶圓代工	台積電、聯電(聯電)
D-RAM	力晶、南科(台塑)、茂德
IC設計	聯發科(聯電)、晶豪科
IC封裝	日月光、矽品
通訊	美律、兆赫
固網	合勤、亞旭
主機板	華碩、技嘉
系統類	宏碁(宏碁)、廣達
LCD	奇美、友達(宏碁)
LED	晶電(光寶)、億光(光寶)
印刷電路板	華通、雅新
被動元件	國巨、華新科(華新)
光碟	中環、錸德
電子通路	聯強(聯華)、宏碁(宏碁)、燦坤
軟體	智冠
網路	友訊、精業

【依上市十九類分】

序號	類股	代表龍頭
1	水泥	台泥（和信）、亞泥（亞東）
2	食品	統一（統一）、味全（頂新）
3	塑膠	台塑、台塑化、台化、南亞（台塑）
4	紡織	遠紡（亞東）、新紡（新光）
5	電機	士電、永大
6	汽車零件	大億、堤維西
7	電器電纜	華新（華新）、聲寶（聲寶）
8	化工	中碳（中鋼）、東聯（亞東）、台鹽（多寶）
9	玻璃	台玻
10	造紙	華紙、台紙
11	鋼鐵	中鋼（中鋼）
12	橡膠	南港、正新
13	汽車	裕隆（裕隆）、中華（裕隆）
14	電子	（請見另一頁的分類）
15	營建營造	營建--國建（霖園）；營造一大陸工程
16	運輸	陽明、長榮（長榮）、萬海
17	觀光娛樂	六福
18	金融	國泰金（霖園）、中信金（和信）
19	貿易百貨	統一超商（統一）、遠百（亞東）

（括弧內為所屬集團）

Column

財報、技術分析、總體經濟、產業趨勢……這些專家認為投資股票很重要的東西，雖然重要，其實要整合起來判斷是需要下功夫的。所以，不要懷疑，投資股票是需要運氣的，就算你把所有一切該具備的投資能力都練到爐火純青，也別過度自信。

TOP-DOWN、BOTTOM-UP

兩種常用的選股邏輯

如何有規律的挑股票?最常用的有以下兩種選股邏輯。

由上而下的選股邏輯

一般專業投資人會採用（TOP-DOWN　）選股方式，來選擇股票，它的步驟看起來十分合理與完美——

假設每個人都是財經高手，用這種方式選股，當然是最美妙的，不過，對一般投資人而言，如此一路「選」下來，會耗掉不少精神，而且大環境不佳時，常常會「無股可選」。

雖然如此，這種由上而下的選股邏輯卻是十分有系統的提供投資人很好的選股方向，至少選出來的股票不致太離譜。另外，如果已經很確定當時的大環境實在不適合投資，就空手等待也很好，因為景氣不佳沒有投資就等於是賺到了。

由下而上的選股邏輯

另一種選股邏輯剛好相反，叫做由下而上(BOTTOM-UP)的選股方式，因為它是以個股為主，所以，有人又稱它為「選股式投資」，它的選股步驟是：

對於初入門的投資人而言，這種由下而上的選股方式比較沒有章法，因為光是國內上市上櫃就有近千檔股票，要一檔一檔地找投資標的將會沒有頭緒，所以，最簡單的辦法就是把媒體上常聽到的明星產業的龍頭公司當成投資標的，接著再看財報、作技術分析一路選下來。

國內不少菜籃族是利用「看技術線圖選股票」的方法，比方說，目前電子股熱門，他們就把國內上百檔的電子股像在選青菜一樣先掃瞄一遍，把幾檔「線圖漂亮」的先挑出來，接著再去看公司的主營業項目與財報，所以即使景氣不好依然有股票可買。

The equity
investment strategy.

PART 5

不錯用的投資策略

股市風險太高，

找出適合的策略，，

並守自己的規矩，

會是決定賺錢與否關鍵，

本章介給的幾個方法，

提供給你參考。

不錯用的投資策略(一)

定期定額法、定期不定額

股市熱絡時，看到大家都在賺錢，於是就跟著跳進去買股票;股市冷清時，看到大家都賠錢，也跟大家賣股票。這種作法就是股市常聽到的「追高殺低」！

只要會數學的人都算得出，追高殺低一定賺不到錢的。買東西不是應該趁東西便宜(下跌)時多買、昂貴(上漲)時少買嗎?但是，在悲觀的氣氛中買股票，在一片看好聲中賣股票，除非有膽有識外加有策略，否則實在很難。

定期定額法、定期不定額法是一種下跌時多買、上漲時少買的投資概念，這種投資邏輯適合沒有時間看盤、收入規律又怕麻煩的人，它的好處是是「分批進貨」所以有分散進貨成本的功用，若是選股選得好且可以掌握大行情獲利了結，獲利可觀。

相對的，雖然它有自動調節買進股數的功能，但萬一選股選錯了，等到要出脫時又正值股價低檔，損失也是很重的，不過總的來說，對上班族而言它是個很不錯的投資策略。

■ 定期定額投資法

選定某一檔（或幾檔）股票，每星期（月、季或年）固定一個時間，不考慮任何因素，都按自己的預算買進股票。

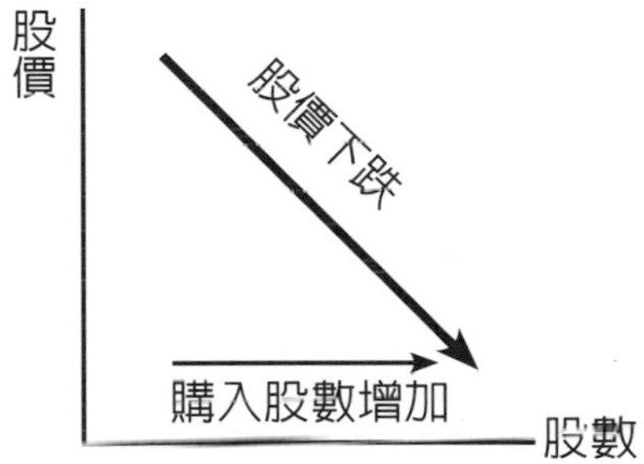

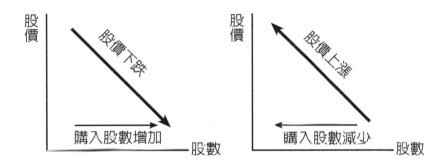

例如小美與君君是同事，兩人同時執行定期定法投資股市，她們的績效與心得如下：

● 小美的結婚基金計畫

小美每季以4萬元買進A公司股票，時間為期兩年，作為她的結婚基金。小美花了時間選定某產業的龍頭績優股，以確保這家公司是值得長期投資的標的，並與自己約定好每年1月、4

月、7月、10月的5日，以4萬元進場買進A公司股票。

【小美定期定額投資績效表】

購買日期	投資金額	A公司股價	小美擁有股票數（張）
第一年1月5日	4萬	35	1.14
第一年4月5日	4萬	45	0.88
第一年7月5日	4萬	50	0.8
第一年10月5日	4萬	30	1.33
第二年1月5日	4萬	40	1
第二年4月5日	4萬	60	0.66
第二年7月5日	4萬	65	0.61
第二年10月5日	4萬	60	0.66
小美兩年來投資金額一共是32萬元，擁有Ａ公司股票7.08張			

小美在第二年的10月5日賣掉持股共得股款

60元×7.08×1,000＝424,800元

跟投入總金額32萬元比，獲利約10萬元。

在30元的股價低點時小美本來想賣掉持股，但後來還是熬過來了。

或許你會想也許還有70元、80元的行情呢！

「買在最低點、賣在最高點」除了是好運之外，沒有別的解釋，所以還是老老實實的控管風險比較務實！

● 君君的單身存錢計畫

君君單身，每月收入6萬，因為很愛花錢，於是強迫自己進行定期定期法買股票，每星期5,000元。

她的作法是鎖定晶圓代工與金融兩類股票各選一檔，每星期一上網買股票，君君的計畫實行了13星期。

【君君定期定額投資績效表】（金甲＝某金融股；晶甲＝某晶圓代工股）

時間	投資金額	買進股票及股價	君君擁有的股票數（張）
第01星期	5,000	金甲　37	金甲　0.135
第02星期	5,000	金甲　40	金甲　0.125
第03星期	5,000	晶甲　31	晶甲　0.161
第04星期	5,000	金甲　39	金甲　0.128
第05星期	5,000	晶甲　35	晶甲　0.142
第06星期	5,000	金甲　39	金甲　0.128
第07星期	5,000	金甲　36	金甲　0.138
第08星期	5,000	晶甲　30	晶甲　0.166
第09星期	5,000	晶甲　32	晶甲　0.156
第10星期	5,000	金甲　38	金甲　0.131
第11星期	5,000	金甲　37	金甲　0.135
第12星期	5,000	金甲　37	金甲　0.135
第13星期	5,000	晶甲　29	晶甲　0.172

君君13星期投資金額一共是6.5萬元。		
擁有股票數為：		
	晶甲公司股票0.797張	金甲公司股票1.005張
平均買進成本：		
	金甲公司：37.875元	晶甲公司：31.4元

君君在進行了13個星期的「定期定額」法之後，覺得很無趣，因為股價上不上下不下的，唯一的好處是錢真的存起來，沒有被莫名奇妙的花掉了。

當然，目前盤整的行情雖然無聊，但至少有一線希望，說不定所買的股票那一天卯起來天天漲停板，君君就能出脫持股，到非洲去逍遙一個月！

運用任何理財工具都一樣，「時間」與「市場波動」常令人容易亂了方寸，就像君君的例子一樣，她看到小美準備結婚計畫的投資過程很心動，等到自己開始執行，股價如雞肋——食之無味，棄之可惜。

但是如果你還沒有忘記「定期定額」法的核心精神的話，應該立刻回憶一下：這種投資法就是要避免投資人盲目的追高殺低，雖然我們不知何時為高點何時為低點，但定期投資分批買進就有助於分散風險。買賣股票最令人擔心的就是自以為能掌握行情，而這種心態往往也是最容易出大錯的。

定期不定額投資法

投資要賺錢就是「低買高賣」，如何判斷何時為低點何時為高點，可參考基金公司常用的加權股價指數為參考標準。

例如當指數跌破10年平均線投資5,000元;漲超過均線20%時投資3,000;落在10年均線投資4,000，依此類推。

【定期不定額投資法範例--以十年均線為準】

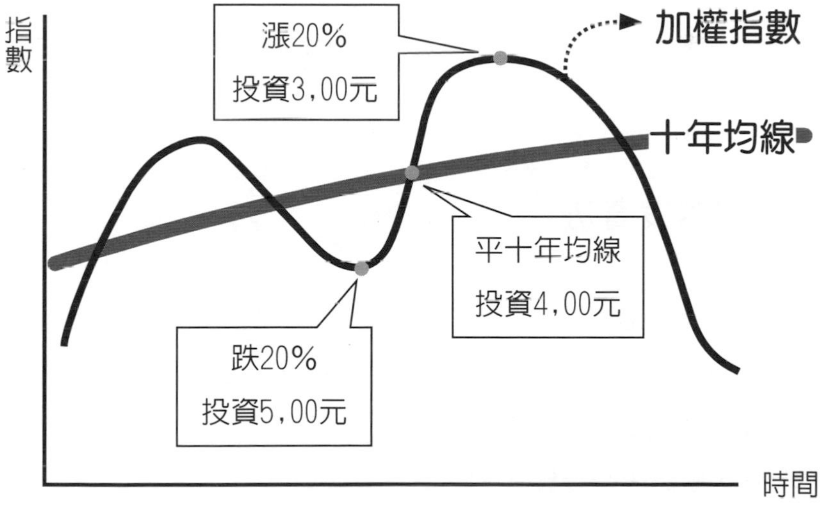

不錯用的投資策略(二)

保本投資法

聽到「保本」可別以為那是一種怎麼「玩」都不會賠的無敵投資法，其實它的道理很簡單，如果你拿100萬投資股市，設定10%是你的停損、停利點，賺到停利點(10%)就把錢抽出股市，讓本維持在原有的100萬;賠了錢也不再補錢進去，等於股本變小了。

雖然保本投資原則很簡單，但這種策略可以讓投資人守規矩多了--賺了錢懂得把錢先獲利了結;賠了錢也不致盲目抵押或借款期待「翻本」。

保本投資法

確定自己的「本」有多少，並以「保本」為投資前提，若運氣好時，賺了錢有落袋為安的實質進帳，若賠錢也不致連身家財產都賠進去。但它的缺點是股本被侷限住了，無法依照行情挹注，會錯失賺錢機會。

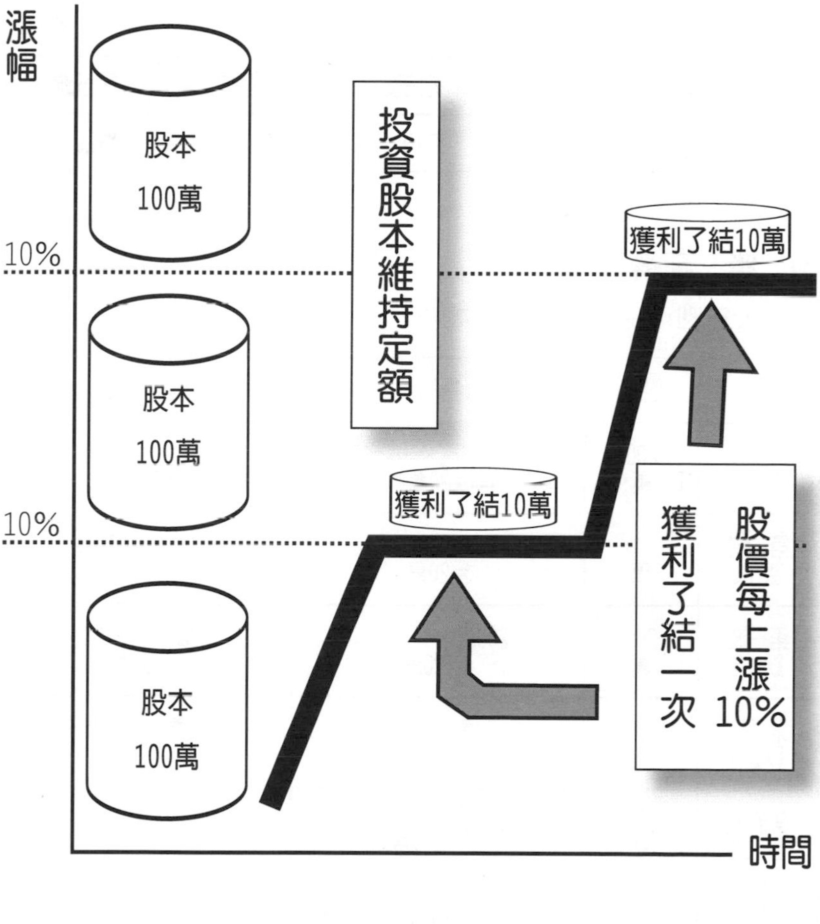
漲幅
股本
100萬
10%
股本
100萬
10%
股本
100萬
投資股本維持定額
獲利了結10萬
獲利了結10萬
股價每上漲10%
獲利了結一次
時間

大年拿200萬投資股市設定獲利點是10%，停損點是10%，假設股市行情波動如下：

第一波	第二波	第三波	第四波	第五波
漲10%	漲10%	跌10%	跌10%	跌10%

第一種情形

大年利用保本投資運用如下：

	股本	獲利	股票市值
第一波 漲10%	200 萬	200萬×10% =20萬	200萬×(1+10%) =220萬
第二波 漲10%	200 萬	200萬×10% =20萬	200萬×(1+10%) =220萬
第三波 跌10%	200 萬	200萬×(-10%) =-20萬	200萬×(1-10%) =180萬
第四波 跌10%	180 萬	180萬×(-10%) =-18萬	180萬×(1-10%) =162萬
第五波 跌10%	162 萬	162萬×(-10%) =-16.2萬	162萬×(1-10%) =145.8萬
結餘	20萬+20萬+145.8萬=185.8萬		

● 第二種情形

大年利用10%停損點與10%停利點如下：

	股本	獲利	股票市值
第一波漲10%	200萬	200萬×10%=20萬	200萬×(1+10%)=220萬
第二波漲10%	220萬	220萬×10%=22萬	220萬×(1+10%)=242萬
第三波跌10%	242萬	242萬×(-10%)=-24.2萬	242萬×(1-10%)=217.8萬
第四波跌10%	217.8萬	217.8萬×(-10%)=-21.78萬	217.8萬×(1-10%)=196.02萬
第五波跌10%	196.02萬	196.02萬×(-10%)=-19.602萬	196.02萬×(1-10%)=176.418萬
結餘	176.418萬		

保本投資法與只設定停損、停利相比，大年就少賠了：

185.8萬-176.418萬＝9.382萬元

相對的，這個例子如果股價一直是上漲的，只設停損與停利點反而能賺到比較多的錢。

任何投資策略都是一樣：高報酬一定高風險，但高風險卻不一定高報酬。

不錯用的投資策略（三）

一年獲利15%投資法

不管股市處於多頭或空頭市場，正常狀況下大部份的股價都是處在上上下下的波浪狀態中（有問題的地雷股除外），漲多了必然下跌；跌深了也勢必要反彈一下。所謂的「一年獲利15%投資法」其操作概念就是掌握住股市的這種「動能」，你可以在一年內採一小段一小段地賺，每次賺1%，一年賺15次，加起來就有15%；或者每次賺3%，賺5次也有15%；當然，你也可以一次就把15%的獲利滿足點賺夠。

這種投資方式，聽起來好像很容易，試想如果採每段賺3%為目標，「等」一張股價50元的股票漲到51.5元獲利了結，實在不是什麼難事，而且漫漫長長的一年只要如此操作5次，就達到獲利目標了。

難嗎?真的一點也不難。

不過，對一般投資人來說，要嚴守這種操作規律的人實在很難，他們可能要問「一年只操作5次」那麼，其他時間要幹嘛?而且一次只賺3%，未免也太少了吧!

如果要認真的回答投資人的這種疑問，這裡的解答是：一年只買賣5次，但冷靜而客觀的分析行情就分析365天，所以，絕對不致無聊；至於每次3%如果覺得「賺太少」，那麼就以一年出手一次，一次把它賺到15%好了。

這種投資策略的好處是可以避免投資人本來賺到了，又賠回去，而且，若沒有給自己時間表（一年）與停利點（15%）很容易讓人陷入不理性獲利期望裡。

至於一年在股市裡賺15%是不是很少呢？

【一年獲利15%投資方式範例】

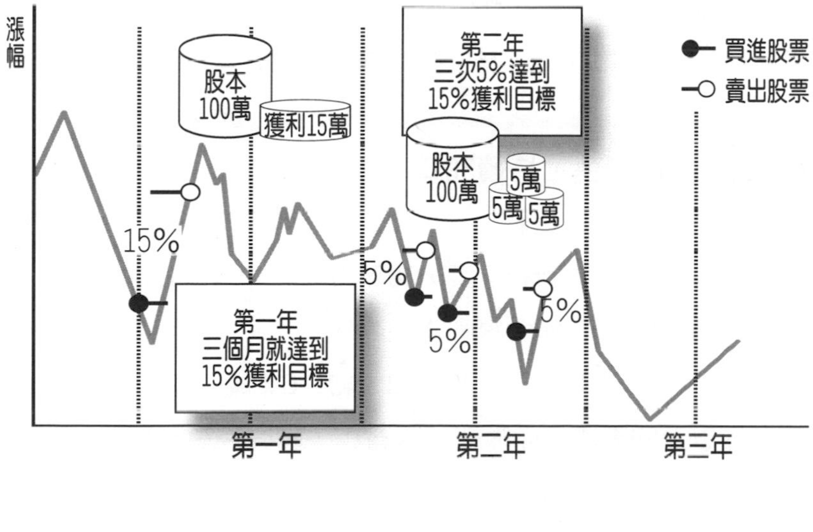

以年報酬10%為例的獲利試算

如果你覺得15%的報酬率也不知那幹嘛，那麼，我們不妨用更少的報酬率10%來計算，看看如果你持續30年每年都有10%獲利，將變成多少錢？

● 第一年投資10萬以後不再投資，持續30年

以10萬元投資，以後每年不再投錢，就以每年的本利和投入股市，且操作績效為年報酬率10%，30年後當年的10萬元將變成約174萬。

查本書附表——複利終值表

10萬×17.4494＝ 1,744,940（約174萬）

● 每年投資10萬，持續30年

每年拿10萬元投資股市，且操作績效為年報酬率10%，獲利後不領出，每年以本利和投資，30年後你將會有約1,645萬。

查本書附表——年金複利終值表

10萬×164.4940＝16,449,400（約1,645萬）

從以上的算法，你應該可以看出，時間與複利真的是世界

上最優的理財大師，而要擁有並享受這種複利威力的，規律是前提。

別人也許運氣好或技術好可以賺快錢，但真正有智慧的投資人，還是會把策略與規律擺在前面。如果你現在是小伙子(小女孩)一個，想存筆二、三十年以後的退休金，不妨利用本書的附表自己算一算最終可以有多少錢。

■ 年獲利15%的選股訣竅

如果跟著電視上的投資顧老師進出股市，你的獲利目標設定大約是一年200%以上;追逐法人動向，你的目標大約是在100%以上，但是，若行情無法如預期，跌下去的損失也是相當恐怖的!講真的，有必要冒那麼大的風險嗎?年報酬15%就很好了，如果你同意以15%為目標，底下幾個選股訣竅供你參考。

● 只投資自己熟悉的產業

新興產業往往是股價最具「爆發力」的，但是風險也相對高，如果你只設定年報酬率15%，最好別去碰那種「聽起來很不錯，但對你來說很陌生」的產業，一般來說，被稱為飆股的公司，往往也是令人「霧煞煞」的公司或產業，最容易理解的例子就是博達神話--「砷化鎵」。不是說這些產業(企業)沒有潛力，而是如果你完全不了解那家公司在賣什麼，如何控管風險?

另外，許多人喜歡跟著法人機構買股票，但小投資人在資訊取得永遠是慢的，法人旗下養了一票研究員天天做分析，能立刻反應市場，所以，如果他們是草原的獅子，我們必須承認自己是可愛小動物，他們必須跑很遠很快去獵食，但我們只要在自己熟悉的園地裡，找個安全的地方就溫飽了，跟著他們追逐實在沒有必要。

● 儘量選擇硬底子的集團股

買衣服選品牌，買股票的道理也差不多，選擇產業裡面的龍頭老大，或許款式（題材）沒有很流行，但會當老大的體質都不會太壞，而且萬一出現什麼危機，也有集團在後面撐著，因此，鎖定產業龍頭投資，相對的是比較穩健安全的。

● 用心觀察，留心進場時機

一年15%投資方式，在什麼時候進場，就變成很重要的關鍵點，選對進場時機，可以相對省力許多。

不錯用的投資策略(四)

折扣期投資法

所謂折扣期投資，就是掌握非理性的股市下跌低檔，承接被市場低估的股票，等股市回復理性後再售出股票賺取差價。

股市每年總有1、2次的小折扣期，尤其是政治局勢動盪得厲害時，折扣期更明顯，至於那種股價跳樓拍賣期，最具代表性的有以下幾次：

【國內股市的代表性打折期】

年度	大盤指數打折扣	主要原因	維期
77年	4折（約跌60%）	郭婉容開徵證所稅	4個月
80年	7.5折（約跌25%）	國大全面改選	6個月
84~85年	6折（約38%）	中共台灣海峽試射飛彈	14個月
86年	7折（約30%）	亞洲金融風暴	6個月
88年	8折（約20%）	兩國論＋921大地震	4個月
89年	5折（約50%）	美國網路股泡沫＋政黨輪替	5個月

股市就跟百貨公司一樣，有所謂的打折期，但不同的是，百貨服飾拍賣時人聲鼎沸，有種不買你會後悔的熱鬧氛圍；而股市的打折期往往是不勝唏嘘的寂寥感。

再厲害的分析師，也沒有辦法正確無誤的指出：「對！這就是100％折扣股市買點。」這得靠投資人平常勤作功課，當打折扣訊號出現的時候，就大膽敲進，要賺到錢是很有機會的。

投資人要作那些功課呢?

● 不管買不買股票，要經常逛、經常算

購物高手絕不是足不出戶就知道怎麼買東西最划算，買股票也一樣，就是要常逛、常選、常算、常比，每次四、五百股零股的買，一樣可以買出心得。

最好的方式是鎖定幾家公司深入研究其產業前景與經營團隊，如果堅信企業的經營團隊有應變風險的能力，那麼短期的利空訊息打壓了股價，反而是買進的好消息，因為一個好企業總是有辦法解套。

此外，對目標公司的本益本、獲利能力，平日在心裡對它就要先有個底。行情出現時才知道哪支股票值得投資。下表以五檔股票的本益比為例，以這個例子來看，A、B公司相對本益

比都算低，也就是說股價是相對便宜。

【本益比比較表】

公司	2年來最高本益比	2年來最低本益比	目前本益比	相對最高比益比	相對最低本益比
A	25	11	7	28%	63%
B	19	6	5	26%	83%
C	33	15	11	33%	73%
D	30	12	12	36%	100%
E	25	10	9	36%	90%

● 掌握打折期尾聲，才是進場的時機

從過往的經驗來看，股市折扣剛開始時，人心浮躁、悲觀、財政官員低著頭發表一些所謂的「政策」、號子裡面滿滿是人，但是，很少人是快樂的。

折扣期到了一段時間以後，氛圍又不太一樣，投資人罵、媒體罵、整個社會好像無理性的罵成一團的感覺。

接著，股市跌到底的現象是，大家都罵到沒什麼力氣了，所以反而滿冷靜的，連證券公司櫃檯都冷冷清清的，令人有種錯覺：「為什麼大家都不關心股市了？這是怎麼一回事？」

股市到這種地步，通常就是買減價股票族進場的時候了。

不錯用的投資策略(五)

股票質押周轉現金

買了股票之後暫時不想賣，但又需要一筆生活費，怎麼辦？股票是可以拿去質押借錢的哦！

股票是一種有價證券，所以可以拿股票向銀行借錢，你可以不必把股票從集保那裡領出來，只要拿劃撥交割的「證券存褶」向集保公司辦理質權設定就可以了。

股票借款，利率通常在9%左右，每家銀行的規定不太相同，至於可以借多少錢？通常銀行會採用三個數字評估你股票的價值，一是前一交易日的收盤價，還有是最近三個月、六個月的平均收盤價，取最低的值再算六成為借款上限。

例如你有兩張A公司股票，當時的市價的26元，而最近三個月，這張股票的平均股價是49元，如果你以這兩張A公司股票向銀行借貸，那麼銀行願意借給你的最高上限是：

26,000×2×0.6＝31,200元。

股票借款不像信貸還得徵信來徵信去，撥款也很快，但由於股價波動大，銀行願意接受貸款的期限通常在一年內。

附表

附表一　網路券商一覽表

附表二　股票屬性解釋

附表一

網路券商一覽表

名稱	網址	客服專線/電話
福邦證券	http：//www.sunsec.com.tw/	0800-082-788
大昌證券	http：//www.dcn.com.tw/	0800-010-669
吉祥證券	http：//www.dashin.com.tw/	0800-031-122
大展證券	http：//www.tachan.com.tw/	0800-075-567
大華證券	http：//www.toptrade.com.tw/	0800-006-003
大衆證券	http：//www.tcsc.com.tw/	(02) 2707-6055
新壽證券	http：//www.sksc.com.tw/	(02) 2345-1668
中央信託局	http：//www.ctoc.com.tw/	(02) 2311-1511
中信證券	http：//www.jenhsin.com.tw/	0800-085-005
元大證券	http：//www.yuanta.com.tw/	0800-037-888
元富證券	http：//www.masterlink.com.tw/	0800-088-148
太平洋證券	http：//www.nettrade.com.tw/	0800-084-999
日盛證券	http：//www.jihsun.com.tw/	(02) 2504-8888
北城證券	http：//www.peicheng.com.tw/	(02) 2928-3456
台証證券	http：//www.tsc.com.tw/	0800-082-000
華南永昌證券	http：//www.entrust.com.tw/	(02) 2545-6888

名稱	網址	客服專線/電話
倍利國際證券	http：//www.bisc.com.tw/	0800-035-987
亞洲證券	http：//www.asia-group.com.tw/	(02) 2718-3456
怡富證券	http：//www.jfrich.com.tw/	0800-045-333
美國格林證券	http：//www.supertradeasia.com/index1.htm	002-1-6269645966
金鼎證券	http：//www.tisc.com.tw	0800-246-888
建華證券	http：//www.nsc.com.tw/	0800-038-123
致和證券	http：//www.wintan.com.tw/	0800-053-198
寶來證券	http：//www.polaris.com.tw/	0800-066-668
康和證券	http：//www.concords.com.tw/	0800-886-016
統一證券	http：//www.pscnet.com.tw/	(02) 8172-4668
富邦證券	http：//www.fbs.com.tw/	0800-073-588
富隆證券	http：//www.fullong.com.tw/	0800-031-066
菁英證券	http：//www.eztrade.com.tw/	(02) 2753-1155
網路證券	http：//www.netbroker.com.tw/	(02) 8773-6616
群益證券	http：//www.capital.com.tw/	(02) 8780-9255

附表二

股票屬性解釋

詞彙名稱	解釋
外資概念股	外資在國內已投資或可能投資的股票。
摩根概念股	被選擇列入摩根史坦利指數的股票
中國概念股	轉投資大陸地區，且營收佔國內母公司有相當比重。
轉機股	過去曾沉寂一段時間，但現在營收、獲利均有起色，若有重大業績突破且市場也認同，常常會被列為有題材的飆股。
全額交割股	發生財務困難或停工的公司，交易時必須有足額的價款一手交錢一手交股票，不適用T+2的交易方式。
低價股	低價股通常有兩種意義，一種是市價和它本身的資產淨值比相對低價的股票；另外就是和同行相比股價算是低的，也被稱為低價股。
警示股	交易價或量明顯異常，交易所發現之後，就會向投資人公告警示。通常這種股票都有不正常的人為介入。
題材股	目前公司有可炒作的消息題材，如接到大訂單、大客戶、標到大案子，有助於該公司的營運及獲利能力。
內需股	業務範圍、營業收入來自於服務國人的食、衣、住、行、育樂的公司。如：中華電信、台灣大哥大、聯華食品……等。當國外投資環境較差，或政令改變，不利於投資時，通常大家的注意力會轉回國內的內需股。
投機股	投機股是指股價嚴重背離了公司的財務狀況和經營績效，而且大起大落，容易成為市場人士的炒作對象，風險性很高，但是如果你押對了寶，可能也會讓你賺得眉開眼笑的。

詞彙名稱	解釋
集團股	集團股指的是隸屬於同一財團的上市上櫃公司股票，這一類的股票因屬於同一個大集團，互相轉投資的比例高、大股東又相似、財務營運也有關聯性，所以漲跌常有連動的情況發生，集團股又往往成為大盤指標。例如，霖園集團有國泰金控、國泰建設等上市公司，台塑集團則有台塑、台化、南亞、福懋等。
資產股	資產股指的是上市公司擁有相當的土地、生產設備等固定資產，股價的行情主要取決於資產的價值。
績優股	每年有穩定的盈餘和股利，股票價格穩定中成長，股價不易大起大落，股價長期而言也是往上的。
大型股、中型股、小型股	股本50億以上可稱上大型股，股本在15億以下的可以稱為小型股，介於中間的則可稱為中型股。 股本多寡主要影響到它在外流通的籌碼。舉例來說A公司是家50億股本的公司，B公司是股本10億的公司，A公司在外流通的股數比較多、籌碼多；而B公司相對較少、籌碼少。因此，當投資人分別買入相同數量的A、B公司的股票時，A公司股票可能沒有什麼感覺，股價只是小漲一下；但B公司可能就因此而大漲。 當市場資金不是很充裕的時候，中小型股拉抬的機會比較大，因為市場上的主力會挑比較好操控的股票來進行操作。不過這也不是一成不變的道理，例如新興的中小型股遇上經濟不景氣，又碰上經營不佳一個一個變成人人聞之色變的地雷股時，投資大衆為了保本，反而傾向將錢投資到大型股上面，所以，市場上資金並不充裕時，有時反而是大型股當道。

詞彙名稱	解釋
管理股票	本來是集中市場的全額交割股，自集中市場下市之後轉到櫃檯買賣中心繼續交易的股票。
概念股	概念股指的是與同一主題有關聯的股票，例如上市公司拿了不少的資金在大陸做投資，就被稱為「中國概念股」。 當被歸類為某一概念股時，如果這一個主題現在是利多的，通常就會帶動所有同類股票一起上漲，相對的如果出現對同一主題的不利消息時，也會全部一起下跌。
官股	官股是指上市公司中黨營事業、中央投資機構或政府投資機構持股比例超過50%，官方色彩濃厚的。 選舉或政局動盪期間、股市慘跌或大漲到大家都相當關心的程度時，官股的動向就格外受到矚目。一般來說，當政府心態傾向作多，往往會釋放利多消息以刺激股市，這時官股就成為觀察指標，並率先成為炒作題材；相對的，如果政府覺得股市過熱，有需要降溫，官股下滑也會成為股市的領先指標。
成長股	成長股是指趨勢佳，成長空間大的股票，不過，這類股票初期通常不會有什麼好的業績表現，也不太引人矚目，但是一旦潛力發揮就是超猛上漲的時候。 如果你能預測某新興事業未來幾年將有趨勢性、革命性的爆發力，在別的投資人還沒警覺的時候投資它準沒有錯。像早期的電子股，還有現在的面板股、DRAM股等……都曾經當過成長股。

附錄

●●●

附錄一：查表範例

附錄二：終值表

零存整付（月）複利終值表
年金複利終值表
複利終值表

附錄一

精明理財，必學絕招

一、零存整付（月）複利終值表

每個月定期存入一定的金額，經「月複利」不斷地利滾利，一定時間後可以拿回多少錢，可以查這個表。

步驟一：決定存款的期數（月）。

步驟二：找到報酬率（指年報酬率）。

步驟三：前兩個數值交會處會有一排數字，它就是「終值」。

步驟四：每月投資的金額×終值＝到期獲利的總額

二、年金複利終值表

每年固定存入多少錢，經「年複利」不斷地利滾利，幾年後總共可擁有多少，可以查這個表。

步驟一：決定存款的期數（年）。

步驟二：找到報酬率（指年報酬率）。

步驟三：前兩個數值交會處會有一排數字，它就是「終值」。

步驟四：每期投資的金額×終值＝未來獲利的總額

三、複利終值表

金錢經過一段時間的運用（非一直持續投入，不同於「年金複利終值表」），最後有多少錢，要查「複利終值表」。

步驟一：決定這筆錢運用的期數（年）。

步驟二：找到報酬率（指年報酬率）。

步驟三：前兩個數值交會處會有一排數字，它就是「終值」。

步驟四：目前的金額×終值＝經過複利運算後的總額

〔範例〕查表……零存整付（月）複利終值表

步驟一：決定期數。

步驟二：找到報酬率。

步驟三：前兩個數值的交會處會有一排數字，它就是「終值」。

步驟四：每月投資的金額×終值＝到期獲利的總額

零存整付〔月〕複利終值表………1%～5%

利率 月＝期數	1%	2%	3%	4%	5%
1	1.0000	1.0000	1.0000	1.0000	1.0000
2	2.0008	2.0017	2.0025	2.0033	2.0042
3	3.0025	3.0050	3.0075	3.0100	3.0125
4	4.0050	4.0100	4.0150	4.0200	4.0251
5	5.0083	5.0167	5.0251	5.0334	5.0418
6	6.0125	6.0251	6.0376	6.0502	6.0628
7	7.0175	7.0351	7.0527	7.0704	7.0881
8	8.0234	8.0468	8.0704	8.0940	8.1176
9	9.0301	9.0602	9.0905	9.1209	9.1515
10	10.0376	10.0753	10.1133	10.1513	10.1896
11	11.0459	11.0921	11.1385	11.1852	11.2321
12	12.0552	12.1106	12.1664	12.2225	12.2789
13	13.0652	13.1308	13.1968	13.2632	13.3300
14	14.0761	14.1527	14.2298	14.3074	14.3856
15	15.0878	15.1763	15.2654	15.3551	15.4455
16	16.1004	16.2016	16.3035	16.4063	16.5099
17	17.1138	17.2286	17.3443	17.4610	17.5786
18	18.1281	18.2573	18.3876	18.5192	18.6519
19	19.1432	19.2877	19.4336	19.5809	19.7296
20	20.1591	20.3199	20.4822	20.6462	20.8118
21	21.1759	21.3537	21.5334	21.7150	21.8985
22	22.1936	22.3893	22.5872	22.7874	22.9898
23	23.2121	23.4266	23.6437	23.8633	24.0056
24	24.2314	24.4657	24.7028	24.9429	25.1859
25	25.2516	25.5064	25.7646	26.0260	26.2909
26	26.2726	26.5490	26.8290	27.1128	27.4004

附錄二

終值表索引

1.零存整付（月）複利終值表

2.年金複利終值表

3.複利終值表

零存整付（月）複利終值表——年利率01%～05%（第001～060期）

年利率 月-期數	1%	2%	3%	4%	5%
1	1.0000	1.0000	1.0000	1.0000	1.0000
2	2.0008	2.0017	2.0025	2.0033	2.0042
3	3.0025	3.0050	3.0075	3.0100	3.0125
4	4.0050	4.0100	4.0150	4.0200	4.0251
5	5.0083	5.0167	5.0251	5.0334	5.0418
6	6.0125	6.0251	6.0376	6.0502	6.0628
7	7.0175	7.0351	7.0527	7.0704	7.0881
8	8.0234	8.0468	8.0704	8.0940	8.1176
9	9.0301	9.0602	9.0905	9.1209	9.1515
10	10.0376	10.0753	10.1133	10.1513	10.1896
11	11.0459	11.0921	11.1385	11.1852	11.2321
12	12.0552	12.1106	12.1664	12.2225	12.2789
13	13.0652	13.1308	13.1968	13.2632	13.3300
14	14.0761	14.1527	14.2298	14.3074	14.3856
15	15.0878	15.1763	15.2654	15.3551	15.4455
16	16.1004	16.2016	16.3035	16.4063	16.5099
17	17.1138	17.2286	17.3443	17.4610	17.5786
18	18.1281	18.2573	18.3876	18.5192	18.6519
19	19.1432	19.2877	19.4336	19.5809	19.7296
20	20.1591	20.3199	20.4822	20.6462	20.8118
21	21.1759	21.3537	21.5334	21.7150	21.8985
22	22.1936	22.3893	22.5872	22.7874	22.9898
23	23.2121	23.4266	23.6437	23.8633	24.0856
24	24.2314	24.4657	24.7028	24.9429	25.1859
25	25.2516	25.5064	25.7646	26.0260	26.2909
26	26.2726	26.5490	26.8290	27.1128	27.4004
27	27.2945	27.5932	27.8961	28.2032	28.5146
28	28.3173	28.6392	28.9658	29.2972	29.6334
29	29.3409	29.6869	30.0382	30.3948	30.7569
30	30.3653	30.7364	31.1133	31.4961	31.8850
31	31.3906	31.7876	32.1911	32.6011	33.0179
32	32.4168	32.8406	33.2716	33.7098	34.1554
33	33.4438	33.8953	34.3547	34.8222	35.2978
34	34.4717	34.9518	35.4406	35.9382	36.4448
35	35.5004	36.0101	36.5292	37.0580	37.5967
36	36.5300	37.0701	37.6206	38.1816	38.7533
37	37.5604	38.1319	38.7146	39.3088	39.9148
38	38.5917	39.1954	39.8114	40.4399	41.0811
39	39.6239	40.2608	40.9109	41.5747	42.2523
40	40.6569	41.3279	42.0132	42.7132	43.4283
41	41.6908	42.3968	43.1182	43.8556	44.6093
42	42.7255	43.4674	44.2260	45.0018	45.7952
43	43.7611	44.5399	45.3366	46.1518	46.9860
44	44.7976	45.6141	46.4499	47.3057	48.1818
45	45.8349	46.6901	47.5661	48.4633	49.3825
46	46.8731	47.7679	48.6850	49.6249	50.5883
47	47.9122	48.8475	49.8067	50.7903	51.7991
48	48.9521	49.9290	50.9312	51.9596	53.0149
49	49.9929	51.0122	52.0585	53.1328	54.2358
50	51.0346	52.0972	53.1887	54.3099	55.4618
51	52.0771	53.1840	54.3217	55.4909	56.6929
52	53.1205	54.2727	55.4575	56.6759	57.9291
53	54.1648	55.3631	56.5961	57.8648	59.1704
54	55.2099	56.4554	57.7376	59.0577	60.4170
55	56.2559	57.5495	58.8819	60.2546	61.6687
56	57.3028	58.6454	60.0291	61.4554	62.9257
57	58.3506	59.7431	61.1792	62.6603	64.1879
58	59.3992	60.8427	62.3322	63.8691	65.4553
59	60.4487	61.9441	63.4880	65.0820	66.7280
60	61.4990	63.0474	64.6467	66.2990	68.0061

零存整付（月）複利終值表——年利率01%～05%（第061～120期）					
年利率 月-期數	1%	2%	3%	4%	5%
61	62.5503	64.1524	65.8083	67.5200	69.2894
62	63.6024	65.2594	66.9729	68.7450	70.5781
63	64.6554	66.3681	68.1403	69.9742	71.8722
64	65.7093	67.4787	69.3106	71.2074	73.1717
65	66.7641	68.5912	70.4839	72.4448	74.4766
66	67.8197	69.7055	71.6601	73.6863	75.7869
67	68.8762	70.8217	72.8393	74.9319	77.1027
68	69.9336	71.9397	74.0214	76.1817	78.4239
69	70.9919	73.0596	75.2064	77.4356	79.7507
70	72.0511	74.1814	76.3944	78.6937	81.0830
71	73.1111	75.3050	77.5854	79.9560	82.4208
72	74.1720	76.4305	78.7794	81.2226	83.7643
73	75.2338	77.5579	79.9763	82.4933	85.1133
74	76.2965	78.6872	81.1763	83.7683	86.4679
75	77.3601	79.8183	82.3792	85.0475	87.8282
76	78.4246	80.9514	83.5852	86.3310	89.1941
77	79.4899	82.0863	84.7941	87.6188	90.5658
78	80.5562	83.2231	86.0061	88.9108	91.9431
79	81.6233	84.3618	87.2211	90.2072	93.3262
80	82.6913	85.5024	88.4392	91.5079	94.7151
81	83.7602	86.6449	89.6603	92.8129	96.1098
82	84.8300	87.7893	90.8844	94.1223	97.5102
83	85.9007	88.9356	92.1116	95.4360	98.9165
84	86.9723	90.0839	93.3419	96.7542	100.3287
85	88.0448	91.2340	94.5753	98.0767	101.7467
86	89.1181	92.3861	95.8117	99.4036	103.1706
87	90.1924	93.5400	97.0512	100.7349	104.6005
88	91.2676	94.6959	98.2939	102.0707	106.0363
89	92.3436	95.8538	99.5396	103.4110	107.4782
90	93.4206	97.0135	100.7885	104.7557	108.9260
91	94.4984	98.1752	102.0404	106.1048	110.3798
92	95.5772	99.3388	103.2955	107.4585	111.8398
93	96.6568	100.5044	104.5538	108.8167	113.3058
94	97.7374	101.6719	105.8151	110.1794	114.7779
95	98.8188	102.8413	107.0797	111.5467	116.2561
96	99.9012	104.0128	108.3474	112.9185	117.7405
97	100.9844	105.1861	109.6183	114.2949	119.2311
98	102.0686	106.3614	110.8923	115.6759	120.7279
99	103.1536	107.5387	112.1695	117.0615	122.2309
100	104.2396	108.7179	113.4500	118.4517	123.7402
101	105.3265	109.8991	114.7336	119.8465	125.2558
102	106.4142	111.0823	116.0204	121.2460	126.7777
103	107.5029	112.2674	117.3105	122.6502	128.3059
104	108.5925	113.4545	118.6037	124.0590	129.8406
105	109.6830	114.6436	119.9003	125.4726	131.3816
106	110.7744	115.8347	121.2000	126.8908	132.9290
107	111.8667	117.0277	122.5030	128.3138	134.4829
108	112.9599	118.2228	123.8093	129.7415	136.0432
109	114.0541	119.4198	125.1188	131.1739	137.6100
110	115.1491	120.6189	126.4316	132.6112	139.1834
111	116.2451	121.8199	127.7477	134.0532	140.7633
112	117.3419	123.0220	129.0670	135.5001	142.3499
113	118.4397	124.2280	130.3897	136.9517	143.9430
114	119.5384	125.4350	131.7157	138.4082	145.5427
115	120.6380	126.6441	133.0450	139.8696	147.1492
116	121.7386	127.8551	134.3776	141.3358	148.7623
117	122.8400	129.0682	135.7135	142.8070	150.3821
118	123.9424	130.2834	137.0528	144.2830	152.0087
119	125.0457	131.5005	138.3954	145.7639	153.6421
120	126.1499	132.7197	139.7414	147.2498	155.2823

零存整付（月）複利終值表——年利率01%～05%（第121～180期）					
年利率 / 月-期數	1%	2%	3%	4%	5%
121	127.2550	133.9409	141.0908	148.7406	156.9293
122	128.3610	135.1641	142.4435	150.2364	158.5832
123	129.4680	136.3894	143.7996	151.7372	160.2439
124	130.5759	137.6167	145.1591	153.2430	161.9116
125	131.6847	138.8460	146.5220	154.7538	163.5862
126	132.7945	140.0775	147.8883	156.2697	165.2678
127	133.9051	141.3109	149.2580	157.7906	166.9565
128	135.0167	142.5464	150.6312	159.3165	168.6521
129	136.1292	143.7840	152.0078	160.8476	170.3548
130	137.2427	145.0237	153.3878	162.3838	172.0646
131	138.3570	146.2654	154.7712	163.9250	173.7816
132	139.4723	147.5091	156.1582	165.4715	175.5057
133	140.5886	148.7550	157.5486	167.0230	177.2369
134	141.7057	150.0029	158.9424	168.5798	178.9754
135	142.8238	151.2529	160.3398	170.1417	180.7212
136	143.9428	152.5050	161.7406	171.7088	182.4742
137	145.0628	153.7592	163.1450	173.2812	184.2345
138	146.1837	155.0154	164.5529	174.8588	186.0021
139	147.3055	156.2738	165.9642	176.4417	187.7771
140	148.4282	157.5343	167.3791	178.0298	189.5595
141	149.5519	158.7968	168.7976	179.6232	191.3494
142	150.6765	160.0615	170.2196	181.2220	193.1467
143	151.8021	161.3282	171.6451	182.8261	194.9514
144	152.9286	162.5971	173.0743	184.4355	196.7637
145	154.0561	163.8681	174.5069	186.0503	198.5836
146	155.1844	165.1412	175.9432	187.6704	200.4110
147	156.3138	166.4165	177.3831	189.2960	202.2461
148	157.4440	167.6938	178.8265	190.9270	204.0887
149	158.5752	168.9733	180.2736	192.5634	205.9391
150	159.7074	170.2549	181.7243	194.2053	207.7972
151	160.8405	171.5387	183.1786	195.8526	209.6630
152	161.9745	172.8246	184.6365	197.5055	211.5366
153	163.1095	174.1126	186.0981	199.1638	213.4180
154	164.2454	175.4028	187.5634	200.8277	215.3073
155	165.3823	176.6952	189.0323	202.4971	217.2044
156	166.5201	177.9897	190.5049	204.1721	219.1094
157	167.6588	179.2863	191.9811	205.8527	221.0223
158	168.7986	180.5851	193.4611	207.5389	222.9433
159	169.9392	181.8861	194.9447	209.2307	224.8722
160	171.0808	183.1892	196.4321	210.9281	226.8092
161	172.2234	184.4946	197.9232	212.6312	228.7542
162	173.3669	185.8020	199.4180	214.3400	230.7074
163	174.5114	187.1117	200.9165	216.0544	232.6686
164	175.6568	188.4236	202.4188	217.7746	234.6381
165	176.8032	189.7376	203.9249	219.5005	236.6157
166	177.9505	191.0538	205.4347	221.2322	238.6016
167	179.0988	192.3723	206.9483	222.9696	240.5958
168	180.2481	193.6929	208.4656	224.7129	242.5983
169	181.3983	195.0157	209.9868	226.4619	244.6091
170	182.5495	196.3407	211.5118	228.2168	246.6283
171	183.7016	197.6680	213.0405	229.9775	248.6559
172	184.8547	198.9974	214.5731	231.7441	250.6920
173	186.0087	200.3291	216.1096	233.5166	252.7366
174	187.1637	201.6629	217.6498	235.2950	254.7896
175	188.3197	202.9991	219.1940	237.0793	256.8513
176	189.4766	204.3374	220.7420	238.8696	258.9215
177	190.6345	205.6779	222.2938	240.6658	261.0003
178	191.7934	207.0207	223.8495	242.4680	263.0878
179	192.9532	208.3658	225.4092	244.2762	265.1840
180	194.1140	209.7131	226.9727	246.0905	267.2889

零存整付（月）複利終值表——年利率01%～05%（第181～240期）					
月-期數 \ 年利率	1%	2%	3%	4%	5%
181	195.2758	211.0626	228.5401	247.9108	269.4026
182	196.4385	212.4143	230.1115	249.7372	271.5252
183	197.6022	213.7684	231.6868	251.5696	273.6565
184	198.7669	215.1247	233.2660	253.4082	275.7967
185	199.9325	216.4832	234.8491	255.2529	277.9459
186	201.0991	217.8440	236.4363	257.1037	280.1040
187	202.2667	219.2071	238.0273	258.9607	282.2711
188	203.4353	220.5724	239.6224	260.8239	284.4472
189	204.6048	221.9400	241.2215	262.6933	286.6324
190	205.7753	223.3099	242.8245	264.5690	288.8267
191	206.9468	224.6821	244.4316	266.4509	291.0302
192	208.1192	226.0566	246.0427	268.3391	293.2428
193	209.2927	227.4334	247.6578	270.2335	295.4647
194	210.4671	228.8124	249.2769	272.1343	297.6958
195	211.6425	230.1938	250.9001	274.0414	299.9362
196	212.8188	231.5774	252.5274	275.9549	302.1859
197	213.9962	232.9634	254.1587	277.8747	304.4450
198	215.1745	234.3517	255.7941	279.8010	306.7135
199	216.3538	235.7422	257.4336	281.7337	308.9915
200	217.5341	237.1351	259.0771	283.6728	311.2790
201	218.7154	238.5304	260.7248	285.6183	313.5760
202	219.8976	239.9279	262.3766	287.5704	315.8825
203	221.0809	241.3278	264.0326	289.5290	318.1987
204	222.2651	242.7300	265.6927	291.4941	320.5245
205	223.4504	244.1346	267.3569	293.4657	322.8600
206	224.6366	245.5415	269.0253	295.4439	325.2053
207	225.8238	246.9507	270.6979	297.4287	327.5603
208	227.0119	248.3623	272.3746	299.4202	329.9251
209	228.2011	249.7762	274.0555	301.4182	332.2998
210	229.3913	251.1925	275.7407	303.4230	334.6844
211	230.5824	252.6112	277.4300	305.4344	337.0789
212	231.7746	254.0322	279.1236	307.4525	339.4834
213	232.9677	255.4556	280.8214	309.4773	341.8979
214	234.1619	256.8813	282.5235	311.5089	344.3225
215	235.3570	258.3095	284.2298	313.5473	346.7572
216	236.5532	259.7400	285.9403	315.5924	349.2020
217	237.7503	261.1729	287.6552	317.6444	351.6570
218	238.9484	262.6082	289.3743	319.7032	354.1223
219	240.1475	264.0458	291.0978	321.7689	356.5978
220	241.3476	265.4859	292.8255	323.8415	359.0836
221	242.5488	266.9284	294.5576	325.9209	361.5798
222	243.7509	268.3733	296.2940	328.0074	364.0864
223	244.9540	269.8206	298.0347	330.1007	366.6034
224	246.1582	271.2703	299.7798	332.2010	369.1309
225	247.3633	272.7224	301.5292	334.3084	371.6690
226	248.5694	274.1769	303.2831	336.4227	374.2176
227	249.7766	275.6339	305.0413	338.5442	376.7768
228	250.9847	277.0933	306.8039	340.6726	379.3467
229	252.1939	278.5551	308.5709	342.8082	381.9273
230	253.4040	280.0194	310.3423	344.9509	384.5187
231	254.6152	281.4861	312.1182	347.1007	387.1209
232	255.8274	282.9552	313.8985	349.2577	389.7339
233	257.0406	284.4268	315.6832	351.4219	392.3577
234	258.2548	285.9008	317.4724	353.5933	394.9926
235	259.4700	287.3773	319.2661	355.7720	397.6384
236	260.6862	288.8563	321.0643	357.9579	400.2952
237	261.9034	290.3377	322.8669	360.1511	402.9631
238	263.1217	291.8216	324.6741	362.3516	405.6421
239	264.3410	293.3080	326.4858	364.5594	408.3323
240	265.5612	294.7968	328.3020	366.7746	411.0337

零存整付（月）複利終值表——年利率01%～05%（第241～300期）

年利率 月-期數	1%	2%	3%	4%	5%
241	266.7825	296.2882	330.1228	368.9972	413.7463
242	268.0049	297.7820	331.9481	371.2272	416.4703
243	269.2282	299.2783	333.7779	373.4646	419.2055
244	270.4526	300.7771	335.6124	375.7095	421.9522
245	271.6779	302.2784	337.4514	377.9619	424.7104
246	272.9043	303.7822	339.2950	380.2217	427.4800
247	274.1318	305.2885	341.1433	382.4891	430.2612
248	275.3602	306.7973	342.9961	384.7641	433.0539
249	276.5897	308.3086	344.8536	387.0467	435.8583
250	277.8202	309.8225	346.7158	389.3368	438.6744
251	279.0517	311.3388	348.5825	391.6346	441.5022
252	280.2842	312.8577	350.4540	393.9401	444.3418
253	281.5178	314.3792	352.3301	396.2532	447.1932
254	282.7524	315.9031	354.2110	398.5740	450.0565
255	283.9880	317.4296	356.0965	400.9026	452.9318
256	285.2247	318.9587	357.9867	403.2390	455.8190
257	286.4624	320.4903	359.8817	405.5831	458.7182
258	287.7011	322.0244	361.7814	407.9350	461.6295
259	288.9408	323.5611	363.6859	410.2948	464.5530
260	290.1816	325.1004	365.5951	412.6625	467.4886
261	291.4234	326.6422	367.5091	415.0380	470.4365
262	292.6663	328.1866	369.4278	417.4215	473.3967
263	293.9102	329.7336	371.3514	419.8129	476.3691
264	295.1551	331.2832	373.2798	422.2122	479.3540
265	296.4011	332.8353	375.2130	424.6196	482.3513
266	297.6481	334.3900	377.1510	427.0350	485.3611
267	298.8961	335.9474	379.0939	429.4585	488.3835
268	300.1452	337.5073	381.0416	431.8900	491.4184
269	301.3953	339.0698	382.9942	434.3296	494.4660
270	302.6465	340.6349	384.9517	436.7774	497.5262
271	303.8987	342.2026	386.9141	439.2333	500.5993
272	305.1519	343.7730	388.8814	441.6974	503.6851
273	306.4062	345.3459	390.8536	444.1698	506.7838
274	307.6615	346.9215	392.8307	446.6503	509.8954
275	308.9179	348.4997	394.8128	449.1392	513.0199
276	310.1754	350.0805	396.7998	451.6363	516.1575
277	311.4338	351.6640	398.7918	454.1417	519.3082
278	312.6934	353.2501	400.7888	456.6555	522.4720
279	313.9539	354.8389	402.7908	459.1777	525.6489
280	315.2156	356.4303	404.7977	461.7083	528.8391
281	316.4783	358.0243	406.8097	464.2473	532.0426
282	317.7420	359.6210	408.8268	466.7948	535.2595
283	319.0068	361.2204	410.8488	469.3508	538.4897
284	320.2726	362.8224	412.8760	471.9153	541.7334
285	321.5395	364.4271	414.9081	474.4884	544.9907
286	322.8075	366.0345	416.9454	477.0700	548.2615
287	324.0765	367.6446	418.9878	479.6602	551.5459
288	325.3465	369.2573	421.0353	482.2591	554.8440
289	326.6176	370.8727	423.0878	484.8666	558.1558
290	327.8898	372.4908	425.1456	487.4829	561.4815
291	329.1631	374.1117	427.2084	490.1078	564.8210
292	330.4374	375.7352	429.2764	492.7415	568.1744
293	331.7127	377.3614	431.3496	495.3840	571.5418
294	332.9892	378.9903	433.4280	498.0352	574.9232
295	334.2667	380.6220	435.5116	500.6954	578.3187
296	335.5452	382.2564	437.6004	503.3643	581.7284
297	336.8248	383.8935	439.6944	506.0422	585.1523
298	338.1055	385.5333	441.7936	508.7290	588.5904
299	339.3873	387.1758	443.8981	511.4248	592.0429
300	340.6701	388.8211	446.0078	514.1295	595.5097

零存整付（月）複利終値表01%--05%（第301-360期）

年利率 月-期數	1%	2%	3%	4%	5%
301	341.9540	390.4692	448.1228	516.8433	598.9910
302	343.2389	392.1199	450.2431	519.5661	602.4868
303	344.5250	393.7735	452.3688	522.2980	605.9972
304	345.8121	395.4298	454.4997	525.0390	609.5221
305	347.1003	397.0888	456.6359	527.7891	613.0618
306	348.3895	398.7506	458.7775	530.5484	616.6162
307	349.6798	400.4152	460.9245	533.3169	620.1855
308	350.9712	402.0826	463.0768	536.0946	623.7696
309	352.2637	403.7527	465.2345	538.8816	627.3686
310	353.5573	405.4256	467.3976	541.6779	630.9827
311	354.8519	407.1013	469.5660	544.4835	634.6118
312	356.1476	408.7798	471.7400	547.2984	638.2560
313	357.4444	410.4611	473.9193	550.1228	641.9154
314	358.7423	412.1452	476.1041	552.9565	645.5900
315	360.0412	413.8322	478.2944	555.7997	649.2800
316	361.3413	415.5219	480.4901	558.6524	652.9853
317	362.6424	417.2144	482.6913	561.5145	656.7061
318	363.9446	418.9098	484.8981	564.3863	660.4424
319	365.2479	420.6079	487.1103	567.2675	664.1942
320	366.5522	422.3090	489.3281	570.1584	667.9617
321	367.8577	424.0128	491.5514	573.0590	671.7448
322	369.1642	425.7195	493.7803	575.9692	675.5438
323	370.4719	427.4290	496.0147	578.8891	679.3586
324	371.7806	429.1414	498.2548	581.8187	683.1892
325	373.0904	430.8566	500.5004	584.7581	687.0358
326	374.4013	432.5747	502.7517	587.7073	690.8985
327	375.7133	434.2957	505.0085	590.6663	694.7772
328	377.0264	436.0195	507.2711	593.6352	698.6721
329	378.3406	437.7462	509.5392	596.6140	702.5833
330	379.6559	439.4758	511.8131	599.6027	706.5107
331	380.9723	441.2083	514.0926	602.6014	710.4545
332	382.2898	442.9436	516.3778	605.6100	714.4147
333	383.6083	444.6819	518.6688	608.6287	718.3914
334	384.9280	446.4230	520.9655	611.6575	722.3847
335	386.2488	448.1670	523.2679	614.6964	726.3947
336	387.5707	449.9140	525.5760	617.7453	730.4213
337	388.8936	451.6638	527.8900	620.8045	734.4647
338	390.2177	453.4166	530.2097	623.8738	738.5250
339	391.5429	455.1723	532.5352	626.9534	742.6022
340	392.8692	456.9309	534.8666	630.0433	746.6964
341	394.1966	458.6925	537.2037	633.1434	750.8076
342	395.5251	460.4570	539.5467	636.2539	754.9360
343	396.8547	462.2244	541.8956	639.3747	759.0815
344	398.1854	463.9948	544.2504	642.5060	763.2444
345	399.5172	465.7681	546.6110	645.6477	767.4246
346	400.8501	467.5444	548.9775	648.7998	771.6222
347	402.1842	469.3236	551.3500	651.9625	775.8373
348	403.5193	471.1058	553.7283	655.1357	780.0699
349	404.8556	472.8910	556.1126	658.3195	784.3202
350	406.1930	474.6791	558.5029	661.5139	788.5882
351	407.5315	476.4703	560.8992	664.7189	792.8740
352	408.8711	478.2644	563.3014	667.9347	797.1776
353	410.2118	480.0615	565.7097	671.1611	801.4992
354	411.5536	481.8616	568.1240	674.3983	805.8388
355	412.8966	483.6647	570.5443	677.6463	810.1965
356	414.2407	485.4708	572.9706	680.9051	814.5723
357	415.5859	487.2799	575.4031	684.1748	818.9663
358	416.9322	489.0921	577.8416	687.4554	823.3787
359	418.2796	490.9072	580.2862	690.7469	827.8094
360	419.6282	492.7254	582.7369	694.0494	832.2586

零存整付（月）複利終值表——年利率06%～10%（第001～060期）

年利率 月-期數	6%	7%	8%	9%	10%
1	1.0000	1.0000	1.0000	1.0000	1.0000
2	2.0050	2.0058	2.0067	2.0075	2.0083
3	3.0150	3.0175	3.0200	3.0226	3.0251
4	4.0301	4.0351	4.0402	4.0452	4.0503
5	5.0503	5.0587	5.0671	5.0756	5.0840
6	6.0755	6.0882	6.1009	6.1136	6.1264
7	7.1059	7.1237	7.1416	7.1595	7.1775
8	8.1414	8.1653	8.1892	8.2132	8.2373
9	9.1821	9.2129	9.2438	9.2748	9.3059
10	10.2280	10.2666	10.3054	10.3443	10.3835
11	11.2792	11.3265	11.3741	11.4219	11.4700
12	12.3356	12.3926	12.4499	12.5076	12.5656
13	13.3972	13.4649	13.5329	13.6014	13.6703
14	14.4642	14.5434	14.6231	14.7034	14.7842
15	15.5365	15.6283	15.7206	15.8137	15.9074
16	16.6142	16.7194	16.8254	16.9323	17.0400
17	17.6973	17.8170	17.9376	18.0593	18.1820
18	18.7858	18.9209	19.0572	19.1947	19.3335
19	19.8797	20.0313	20.1842	20.3387	20.4946
20	20.9791	21.1481	21.3188	21.4912	21.6654
21	22.0840	22.2715	22.4609	22.6524	22.8459
22	23.1944	23.4014	23.6107	23.8223	24.0363
23	24.3104	24.5379	24.7681	25.0010	25.2366
24	25.4320	25.6810	25.9332	26.1885	26.4469
25	26.5591	26.8308	27.1061	27.3849	27.6673
26	27.6919	27.9874	28.2868	28.5903	28.8979
27	28.8304	29.1506	29.4754	29.8047	30.1387
28	29.9745	30.3207	30.6719	31.0282	31.3898
29	31.1244	31.4975	31.8763	32.2609	32.6514
30	32.2800	32.6813	33.0889	33.5029	33.9235
31	33.4414	33.8719	34.3094	34.7542	35.2062
32	34.6086	35.0695	35.5382	36.0148	36.4996
33	35.7817	36.2741	36.7751	37.2849	37.8038
34	36.9606	37.4857	38.0203	38.5646	39.1188
35	38.1454	38.7043	39.2737	39.8538	40.4448
36	39.3361	39.9301	40.5356	41.1527	41.7818
37	40.5328	41.1630	41.8058	42.4614	43.1300
38	41.7354	42.4031	43.0845	43.7798	44.4894
39	42.9441	43.6505	44.3717	45.1082	45.8602
40	44.1588	44.9051	45.6675	46.4465	47.2423
41	45.3796	46.1671	46.9720	47.7948	48.6360
42	46.6065	47.4364	48.2851	49.1533	50.0413
43	47.8396	48.7131	49.6070	50.5219	51.4583
44	49.0788	49.9972	50.9378	51.9009	52.8871
45	50.3242	51.2889	52.2773	53.2901	54.3279
46	51.5758	52.5881	53.6259	54.6898	55.7806
47	52.8337	53.8948	54.9834	56.1000	57.2454
48	54.0978	55.2092	56.3499	57.5207	58.7225
49	55.3683	56.5313	57.7256	58.9521	60.2118
50	56.6452	57.8611	59.1104	60.3943	61.7136
51	57.9284	59.1986	60.5045	61.8472	63.2279
52	59.2180	60.5439	61.9079	63.3111	64.7548
53	60.5141	61.8971	63.3206	64.7859	66.2944
54	61.8167	63.2581	64.7427	66.2718	67.8469
55	63.1258	64.6271	66.1743	67.7688	69.4123
56	64.4414	66.0041	67.6155	69.2771	70.9907
57	65.7636	67.3892	69.0663	70.7967	72.5823
58	67.0924	68.7823	70.5267	72.3277	74.1871
59	68.4279	70.1835	71.9969	73.8701	75.8054
60	69.7700	71.5929	73.4769	75.4241	77.4371

零存整付（月）複利終值表——年利率06%～10%（第061～120期）					
年利率 / 月-期數	6%	7%	8%	9%	10%
61	71.1189	73.0105	74.9667	76.9898	79.0824
62	72.4745	74.4364	76.4665	78.5672	80.7414
63	73.8368	75.8706	77.9763	80.1565	82.4142
64	75.2060	77.3132	79.4961	81.7577	84.1010
65	76.5821	78.7642	81.0261	83.3709	85.8019
66	77.9650	80.2237	82.5662	84.9961	87.5169
67	79.3548	81.6916	84.1167	86.6336	89.2462
68	80.7516	83.1682	85.6775	88.2834	90.9899
69	82.1553	84.6533	87.2486	89.9455	92.7482
70	83.5661	86.1471	88.8303	91.6201	94.5211
71	84.9839	87.6497	90.4225	93.3072	96.3087
72	86.4089	89.1609	92.0253	95.0070	98.1113
73	87.8409	90.6810	93.6388	96.7196	99.9289
74	89.2801	92.2100	95.2631	98.4450	101.7616
75	90.7265	93.7479	96.8982	100.1833	103.6097
76	92.1801	95.2948	98.5442	101.9347	105.4731
77	93.6410	96.8507	100.2011	103.6992	107.3520
78	95.1092	98.4156	101.8691	105.4769	109.2466
79	96.5848	99.9897	103.5483	107.2680	111.1570
80	98.0677	101.5730	105.2386	109.0725	113.0833
81	99.5581	103.1655	106.9402	110.8906	115.0257
82	101.0558	104.7673	108.6531	112.7223	116.9842
83	102.5611	106.3784	110.3775	114.5677	118.9591
84	104.0739	107.9990	112.1133	116.4269	120.9504
85	105.5943	109.6290	113.8607	118.3001	122.9583
86	107.1223	111.2685	115.6198	120.1874	124.9830
87	108.6579	112.9175	117.3906	122.0888	127.0245
88	110.2012	114.5762	119.1732	124.0045	129.0831
89	111.7522	116.2446	120.9677	125.9345	131.1587
90	113.3109	117.9227	122.7741	127.8790	133.2517
91	114.8775	119.6106	124.5926	129.8381	135.3622
92	116.4519	121.3083	126.4233	131.8119	137.4902
93	118.0341	123.0159	128.2661	133.8005	139.6359
94	119.6243	124.7335	130.1212	135.8040	141.7996
95	121.2224	126.4611	131.9887	137.8225	143.9812
96	122.8285	128.1988	133.8686	139.8562	146.1811
97	124.4427	129.9466	135.7610	141.9051	148.3993
98	126.0649	131.7047	137.6661	143.9694	150.6359
99	127.6952	133.4729	139.5839	146.0491	152.8912
100	129.3337	135.2515	141.5144	148.1445	155.1653
101	130.9804	137.0405	143.4579	150.2556	157.4583
102	132.6353	138.8399	145.4143	152.3825	159.7705
103	134.2984	140.6498	147.3837	154.5254	162.1019
104	135.9699	142.4703	149.3662	156.6843	164.4528
105	137.6498	144.3013	151.3620	158.8595	166.8232
106	139.3380	146.1431	153.3711	161.0509	169.2134
107	141.0347	147.9956	155.3936	163.2588	171.6235
108	142.7399	149.8589	157.4295	165.4832	174.0537
109	144.4536	151.7331	159.4791	167.7243	176.5042
110	146.1759	153.6182	161.5423	169.9823	178.9750
111	147.9067	155.5143	163.6192	172.2571	181.4665
112	149.6463	157.4215	165.7100	174.5491	183.9787
113	151.3945	159.3398	167.8147	176.8582	186.5119
114	153.1515	161.2692	169.9335	179.1846	189.0661
115	154.0172	163.2100	172.0664	181.5285	191.6417
116	156.6918	165.1620	174.2135	183.8900	194.2387
117	158.4753	167.1255	176.3749	186.2692	196.8573
118	160.2677	169.1004	178.5508	188.6662	199.4978
119	162.0690	171.0868	180.7411	191.0812	202.1603
120	163.8793	173.0848	182.9460	193.5143	204.8450

零存整付（月）複利終值表——年利率06%～10%（第121～180期）

年利率 月-期數	6%	7%	8%	9%	10%
121	165.6987	175.0945	185.1657	195.9656	207.5520
122	167.5272	177.1159	187.4001	198.4354	210.2816
123	169.3649	179.1490	189.6494	200.9236	213.0340
124	171.2117	181.1941	191.9138	203.4306	215.8093
125	173.0678	183.2510	194.1932	205.9563	218.6077
126	174.9331	185.3200	196.4878	208.5010	221.4294
127	176.8078	187.4010	198.7977	211.0647	224.2746
128	178.6918	189.4942	201.1231	213.6477	227.1436
129	180.5853	191.5996	203.4639	216.2501	230.0365
130	182.4882	193.7172	205.8203	218.8719	232.9534
131	184.4006	195.8473	208.1924	221.5135	235.8947
132	186.3226	197.9897	210.5804	224.1748	238.8605
133	188.2542	200.1446	212.9843	226.8561	241.8510
134	190.1955	202.3122	215.4042	229.5576	244.8664
135	192.1465	204.4923	217.8402	232.2793	247.9070
136	194.1072	206.6852	220.2925	235.0213	250.9729
137	196.0778	208.8908	222.7611	237.7840	254.0643
138	198.0581	211.1094	225.2461	240.5674	257.1815
139	200.0484	213.3408	227.7478	243.3716	260.3247
140	202.0487	215.5853	230.2661	246.1969	263.4941
141	204.0589	217.8429	232.8012	249.0434	266.6898
142	206.0792	220.1137	235.3532	251.9112	269.9123
143	208.1096	222.3977	237.9222	254.8006	273.1615
144	210.1502	224.6950	240.5084	257.7116	276.4379
145	212.2009	227.0057	243.1118	260.6444	279.7415
146	214.2619	229.3299	245.7325	263.5992	283.0727
147	216.3332	231.6677	248.3707	266.5762	286.4316
148	218.4149	234.0191	251.0265	269.5756	289.8186
149	220.5070	236.3842	253.7001	272.5974	293.2337
150	222.6095	238.7631	256.3914	275.6419	296.6773
151	224.7226	241.1559	259.1007	278.7092	300.1497
152	226.8462	243.5626	261.8280	281.7995	303.6509
153	228.9804	245.9834	264.5735	284.9130	307.1813
154	231.1253	248.4183	267.3373	288.0498	310.7412
155	233.2809	250.8674	270.1196	291.2102	314.3307
156	235.4473	253.3308	272.9204	294.3943	317.9501
157	237.6246	255.8086	275.7399	297.6022	321.5997
158	239.8127	258.3008	278.5781	300.8343	325.2797
159	242.0118	260.8075	281.4353	304.0905	328.9903
160	244.2218	263.3289	284.3115	307.3712	332.7319
161	246.4429	265.8650	287.2070	310.6765	336.5047
162	248.6751	268.4159	290.1217	314.0065	340.3089
163	250.9185	270.9816	293.0558	317.3616	344.1448
164	253.1731	273.5623	296.0095	320.7418	348.0127
165	255.4390	276.1581	298.9829	324.1474	351.9128
166	257.7162	278.7691	301.9761	327.5785	355.8454
167	260.0047	281.3952	304.9893	331.0353	359.8108
168	262.3048	284.0367	308.0226	334.5181	363.8092
169	264.6163	286.6936	311.0761	338.0270	367.8409
170	266.9394	289.3659	314.1499	341.5622	371.9063
171	269.2741	292.0539	317.2442	345.1239	376.0055
172	271.6204	294.7576	320.3592	348.7123	380.1389
173	273.9785	297.4770	323.4949	352.3277	384.3067
174	276.3484	300.2123	326.6516	355.9701	388.5093
175	278.7302	302.9635	329.8292	359.6399	392.7468
176	281.1238	305.7308	333.0281	363.3372	397.0197
177	283.5294	308.5142	336.2483	367.0622	401.3282
178	285.9471	311.3139	339.4899	370.8152	405.6726
179	288.3768	314.1299	342.7532	374.5963	410.0532
180	290.8187	316.9623	346.0382	378.4058	414.4703

零存整付（月）複利終值表——年利率06%～10%（第181～240期）					
年利率 / 月-期數	6%	7%	8%	9%	10%
181	293.2728	319.8112	349.3451	382.2438	418.9243
182	295.7392	322.6768	352.6741	386.1106	423.4153
183	298.2179	325.5591	356.0253	390.0065	427.9438
184	300.7090	328.4582	359.3988	393.9315	432.5100
185	303.2125	331.3742	362.7948	397.8860	437.1142
186	305.7286	334.3072	366.2134	401.8702	441.7568
187	308.2572	337.2573	369.6548	405.8842	446.4381
188	310.7985	340.2247	373.1192	409.9283	451.1585
189	313.3525	343.2093	376.6066	414.0028	455.9181
190	315.9192	346.2114	380.1174	418.1078	460.7174
191	318.4988	349.2309	383.6515	422.2436	465.5567
192	321.0913	352.2681	387.2091	426.4104	470.4364
193	323.6968	355.3230	390.7905	430.6085	475.3567
194	326.3153	358.3957	394.3958	434.8381	480.3180
195	328.9469	361.4864	398.0251	439.0994	485.3206
196	331.5916	364.5950	401.6786	443.3926	490.3650
197	334.2495	367.7218	405.3565	447.7180	495.4513
198	336.9208	370.8669	409.0589	452.0759	500.5801
199	339.6054	374.0303	412.7859	456.4665	505.7516
200	342.3034	377.2121	416.5378	460.8900	510.9662
201	345.0149	380.4125	420.3147	465.3467	516.2243
202	347.7400	383.6316	424.1168	469.8368	521.5261
203	350.4787	386.8694	427.9443	474.3605	526.8722
204	353.2311	390.1262	431.7972	478.9183	532.2628
205	355.9973	393.4019	435.6759	483.5101	537.6983
206	358.7773	396.6968	439.5804	488.1365	543.1791
207	361.5711	400.0108	443.5109	492.7975	548.7056
208	364.3790	403.3442	447.4677	497.4935	554.2782
209	367.2009	406.6971	451.4508	502.2247	559.8971
210	370.0369	410.0695	455.4605	506.9914	565.5630
211	372.8871	413.4615	459.4969	511.7938	571.2760
212	375.7515	416.8734	463.5602	516.6322	577.0366
213	378.6303	420.3052	467.6506	521.5070	582.8453
214	381.5234	423.7569	471.7683	526.4183	588.7023
215	384.4310	427.2289	475.9134	531.3664	594.6081
216	387.3532	430.7210	480.0861	536.3517	600.5632
217	390.2900	434.2336	484.2867	541.3743	606.5679
218	393.2414	437.7666	488.5153	546.4346	612.6226
219	396.2076	441.3202	492.7720	551.5329	618.7278
220	399.1887	444.8946	497.0572	556.6694	624.8839
221	402.1846	448.4898	501.3709	561.8444	631.0913
222	405.1955	452.1060	505.7134	567.0582	637.3504
223	408.2215	455.7433	510.0848	572.3112	643.6616
224	411.2626	459.4018	514.4854	577.6035	650.0255
225	414.3189	463.0816	518.9153	582.9355	656.4423
226	417.3905	466.7830	523.3747	588.3075	662.9127
227	420.4775	470.5059	527.8639	593.7198	669.4370
228	423.5799	474.2505	532.3830	599.1727	676.0156
229	426.6978	478.0169	536.9322	604.6665	682.6491
230	429.8312	481.8054	541.5117	610.2015	689.3378
231	432.9804	485.6159	546.1218	615.7781	696.0823
232	436.1453	489.4487	550.7626	621.3964	702.8830
233	439.3260	493.3038	555.4344	627.0569	709.7403
234	442.5227	497.1814	560.1373	632.7598	716.6548
235	445.7353	501.0816	564.8715	638.5055	723.6270
236	448.9639	505.0046	569.6373	644.2943	730.6572
237	452.2088	508.9504	574.4349	650.1265	737.7460
238	455.4698	512.9193	579.2645	656.0024	744.8939
239	458.7472	516.9113	584.1262	661.9225	752.1013
240	462.0409	520.9267	589.0204	667.8869	759.3688

零存整付（月）複利終值表——年利率06%～10%（第241～300期）

年利率 月-期數	6%	7%	8%	9%	10%
241	465.3511	524.9654	593.9472	673.8960	766.6969
242	468.6779	529.0277	598.9069	679.9502	774.0861
243	472.0212	533.1137	603.8996	686.0499	781.5368
244	475.3814	537.2235	608.9256	692.1952	789.0496
245	478.7583	541.3573	613.9851	698.3867	796.6250
246	482.1520	545.5152	619.0783	704.6246	804.2635
247	485.5628	549.6974	624.2055	710.9093	811.9657
248	488.9906	553.9040	629.3669	717.2411	819.7321
249	492.4356	558.1351	634.5627	723.6204	827.5632
250	495.8978	562.3909	639.7931	730.0476	835.4596
251	499.3772	566.6715	645.0584	736.5229	843.4217
252	502.8741	570.9771	650.3587	743.0469	851.4502
253	506.3885	575.3078	655.6945	749.6197	859.5457
254	509.9204	579.6637	661.0658	756.2419	867.7085
255	513.4700	584.0451	666.4729	762.9137	875.9394
256	517.0374	588.4520	671.9160	769.6355	884.2389
257	520.6226	592.8847	677.3955	776.4078	892.6076
258	524.2257	597.3432	682.9114	783.2308	901.0460
259	527.8468	601.8277	688.4642	790.1051	909.5547
260	531.4861	606.3383	694.0539	797.0309	918.1343
261	535.1435	610.8753	699.6810	804.0086	926.7855
262	538.8192	615.4387	705.3455	811.0387	935.5087
263	542.5133	620.0288	711.0478	818.1214	944.3046
264	546.2259	624.6456	716.7881	825.2574	953.1738
265	549.9570	629.2894	722.5667	832.4468	962.1169
266	553.7068	633.9603	728.3838	839.6901	971.1345
267	557.4753	638.6584	734.2397	846.9878	980.2273
268	561.2627	643.3839	740.1346	854.3402	989.3959
269	565.0690	648.1369	746.0689	861.7478	998.6408
270	568.8944	652.9177	752.0427	869.2109	1,007.9629
271	572.7388	657.7264	758.0563	876.7300	1,017.3625
272	576.6025	662.5632	764.1100	884.3054	1,026.8406
273	580.4855	667.4281	770.2041	891.9377	1,036.3976
274	584.3880	672.3214	776.3388	899.6273	1,046.0342
275	588.3099	677.2433	782.5144	907.3745	1,055.7512
276	592.2514	682.1939	788.7311	915.1798	1,065.5491
277	596.2127	687.1734	794.9893	923.0436	1,075.4287
278	600.1938	692.1819	801.2893	930.9665	1,085.3906
279	604.1947	697.2196	807.6312	938.9487	1,095.4355
280	608.2157	702.2867	814.0154	946.9908	1,105.5641
281	612.2568	707.3834	820.4422	955.0932	1,115.7772
282	616.3181	712.5098	826.9118	963.2564	1,126.0753
283	620.3997	717.6661	833.4245	971.4809	1,136.4593
284	624.5017	722.8525	839.9807	979.7670	1,146.9298
285	628.6242	728.0691	846.5805	988.1152	1,157.4875
286	632.7673	733.3162	853.2244	996.5261	1,168.1332
287	636.9311	738.5939	859.9126	1,005.0000	1,178.8677
288	641.1158	743.9023	866.6453	1,013.5375	1,189.6916
289	645.3214	749.2418	873.4230	1,022.1391	1,200.6057
290	649.5480	754.6124	880.2458	1,030.8051	1,211.6107
291	653.7957	760.0143	887.1141	1,039.5362	1,222.7075
292	658.0647	765.4477	894.0282	1,048.3327	1,233.8967
293	662.3550	770.9128	900.9884	1,057.1952	1,245.1792
294	666.6668	776.4098	907.9950	1,066.1241	1,256.5557
295	671.0001	781.9388	915.0483	1,075.1201	1,268.0270
296	675.3551	787.5001	922.1486	1,084.1835	1,279.5939
297	679.7319	793.0939	929.2962	1,093.3148	1,291.2571
298	684.1306	798.7203	936.4916	1,102.5147	1,303.0176
299	688.5512	804.3795	943.7348	1,111.7836	1,314.8761
300	692.9940	810.0717	951.0264	1,121.1219	1,326.8334

零存整付（月）複利終值表——年利率06%～10%（第301～360期）					
年利率 / 月-期數	6%	7%	8%	9%	10%
301	697.4589	815.7971	958.3666	1,130.5304	1,338.8903
302	701.9462	821.5559	965.7557	1,140.0093	1,351.0478
303	706.4560	827.3483	973.1941	1,149.5594	1,363.3065
304	710.9882	833.1745	980.6820	1,159.1811	1,375.6674
305	715.5432	839.0347	988.2199	1,168.8750	1,388.1313
306	720.1209	844.9291	995.8080	1,178.6415	1,400.6990
307	724.7215	850.8578	1,003.4467	1,188.4813	1,413.3715
308	729.3451	856.8212	1,011.1364	1,198.3949	1,426.1496
309	733.9918	862.8193	1,018.8773	1,208.3829	1,439.0342
310	738.6618	868.8524	1,026.6698	1,218.4458	1,452.0262
311	743.3551	874.9207	1,034.5143	1,228.5841	1,465.1264
312	748.0719	881.0244	1,042.4110	1,238.7985	1,478.3358
313	752.8122	887.1637	1,050.3604	1,249.0895	1,491.6552
314	757.5763	893.3389	1,058.3629	1,259.4577	1,505.0857
315	762.3642	899.5500	1,066.4186	1,269.9036	1,518.6281
316	767.1760	905.7974	1,074.5281	1,280.4279	1,532.2833
317	772.0119	912.0812	1,082.6916	1,291.0311	1,546.0523
318	776.8719	918.4017	1,090.9095	1,301.7138	1,559.9361
319	781.7563	924.7590	1,099.1823	1,312.4767	1,573.9356
320	786.6651	931.1534	1,107.5101	1,323.3202	1,588.0517
321	791.5984	937.5852	1,115.8935	1,334.2451	1,602.2855
322	796.5564	944.0544	1,124.3328	1,345.2520	1,616.6378
323	801.5392	950.5614	1,132.8284	1,356.3414	1,631.1098
324	806.5469	957.1063	1,141.3806	1,367.5139	1,645.7024
325	811.5796	963.6895	1,149.9898	1,378.7703	1,660.4166
326	816.6375	970.3110	1,158.6564	1,390.1111	1,675.2534
327	821.7207	976.9711	1,167.3807	1,401.5369	1,690.2138
328	826.8293	983.6701	1,176.1633	1,413.0484	1,705.2990
329	831.9634	990.4082	1,185.0044	1,424.6463	1,720.5098
330	837.1233	997.1856	1,193.9044	1,436.3311	1,735.8474
331	842.3089	1,004.0025	1,202.8638	1,448.1036	1,751.3128
332	847.5204	1,010.8592	1,211.8829	1,459.9644	1,766.9070
333	852.7580	1,017.7559	1,220.9621	1,471.9141	1,782.6313
334	858.0218	1,024.6928	1,230.1018	1,483.9535	1,798.4865
335	863.3119	1,031.6701	1,239.3025	1,496.0831	1,814.4739
336	868.6285	1,038.6882	1,248.5645	1,508.3037	1,830.5945
337	873.9716	1,045.7472	1,257.8883	1,520.6160	1,846.8495
338	879.3415	1,052.8474	1,267.2742	1,533.0206	1,863.2399
339	884.7382	1,059.9890	1,276.7227	1,545.5183	1,879.7669
340	890.1619	1,067.1723	1,286.2342	1,558.1097	1,896.4316
341	895.6127	1,074.3975	1,295.8091	1,570.7955	1,913.2352
342	901.0908	1,081.6648	1,305.4478	1,583.5765	1,930.1788
343	906.5962	1,088.9745	1,315.1508	1,596.4533	1,947.2637
344	912.1292	1,096.3269	1,324.9185	1,609.4267	1,964.4909
345	917.6898	1,103.7221	1,334.7513	1,622.4974	1,981.8616
346	923.2783	1,111.1605	1,344.6496	1,635.6661	1,999.3771
347	928.8947	1,118.6422	1,354.6139	1,648.9336	2,017.0386
348	934.5392	1,126.1677	1,364.6447	1,662.3006	2,034.8473
349	940.2118	1,133.7370	1,374.7423	1,675.7679	2,052.8043
350	945.9129	1,141.3504	1,384.9073	1,689.3361	2,070.9110
351	951.6425	1,149.0083	1,395.1400	1,703.0062	2,089.1686
352	957.4007	1,156.7109	1,405.4409	1,716.7787	2,107.5784
353	963.1877	1,164.4583	1,415.8105	1,730.6546	2,126.1415
354	969.0036	1,172.2510	1,426.2493	1,744.6345	2,144.8594
355	974.8486	1,180.0891	1,436.7576	1,758.7192	2,163.7332
356	980.7229	1,187.9730	1,447.3360	1,772.9096	2,182.7643
357	986.6265	1,195.9028	1,457.9849	1,787.2064	2,201.9540
358	992.5596	1,203.8789	1,468.7048	1,801.6105	2,221.3036
359	998.5224	1,211.9016	1,479.4961	1,816.1226	2,240.8145
360	1,004.5150	1,219.9710	1,490.3594	1,830.7435	2,260.4879

零存整付（月）複利終值表——年利率11%～15%（第001～060期）

年利率 / 月-期數	11%	12%	13%	14%	15%
1	1.0000	1.0000	1.0000	1.0000	1.0000
2	2.0092	2.0100	2.0108	2.0117	2.0125
3	3.0276	3.0301	3.0326	3.0351	3.0377
4	4.0553	4.0604	4.0655	4.0705	4.0756
5	5.0925	5.1010	5.1095	5.1180	5.1266
6	6.1392	6.1520	6.1649	6.1777	6.1907
7	7.1955	7.2135	7.2317	7.2498	7.2680
8	8.2614	8.2857	8.3100	8.3344	8.3589
9	9.3372	9.3685	9.4000	9.4316	9.4634
10	10.4227	10.4622	10.5019	10.5417	10.5817
11	11.5183	11.5668	11.6156	11.6647	11.7139
12	12.6239	12.6825	12.7415	12.8007	12.8604
13	13.7396	13.8093	13.8795	13.9501	14.0211
14	14.8655	14.9474	15.0299	15.1128	15.1964
15	16.0018	16.0969	16.1927	16.2892	16.3863
16	17.1485	17.2579	17.3681	17.4792	17.5912
17	18.3057	18.4304	18.5563	18.6831	18.8111
18	19.4735	19.6147	19.7573	19.9011	20.0462
19	20.6520	20.8109	20.9713	21.1333	21.2968
20	21.8413	22.0190	22.1985	22.3798	22.5630
21	23.0415	23.2392	23.4390	23.6409	23.8450
22	24.2527	24.4716	24.6929	24.9167	25.1431
23	25.4750	25.7163	25.9604	26.2074	26.4574
24	26.7086	26.9735	27.2417	27.5132	27.7881
25	27.9534	28.2432	28.5368	28.8342	29.1354
26	29.2096	29.5256	29.8459	30.1706	30.4996
27	30.4774	30.8209	31.1693	31.5226	31.8809
28	31.7568	32.1291	32.5069	32.8903	33.2794
29	33.0479	33.4504	33.8591	34.2740	34.6954
30	34.3508	34.7849	35.2259	35.6739	36.1291
31	35.6657	36.1327	36.6075	37.0901	37.5807
32	36.9926	37.4941	38.0041	38.5228	39.0504
33	38.3317	38.8690	39.4158	39.9722	40.5386
34	39.6831	40.2577	40.8428	41.4386	42.0453
35	41.0469	41.6603	42.2853	42.9220	43.5709
36	42.4231	43.0769	43.7433	44.4228	45.1155
37	43.8120	44.5076	45.2172	45.9411	46.6794
38	45.2136	45.9527	46.7071	47.4770	48.2629
39	46.6281	47.4123	48.2131	49.0309	49.8662
40	48.0555	48.8864	49.7354	50.6030	51.4896
41	49.4960	50.3752	51.2742	52.1933	53.1332
42	50.9497	51.8790	52.8297	53.8023	54.7973
43	52.4168	53.3978	54.4020	55.4300	56.4823
44	53.8972	54.9318	55.9913	57.0766	58.1883
45	55.3913	56.4811	57.5979	58.7425	59.9157
46	56.8991	58.0459	59.2219	60.4279	61.6646
47	58.4206	59.6263	60.8635	62.1329	63.4354
48	59.9562	61.2226	62.5228	63.8577	65.2284
49	61.5057	62.8348	64.2001	65.6027	67.0437
50	63.0696	64.4632	65.8956	67.3681	68.8818
51	64.6477	66.1078	67.6095	69.1541	70.7428
52	66.2403	67.7689	69.3419	70.9609	72.6271
53	67.8475	69.4466	71.0932	72.7887	74.5349
54	69.4694	71.1410	72.8633	74.6379	76.4666
55	71.1062	72.8525	74.6527	76.5087	78.4225
56	72.7580	74.5810	76.4614	78.4013	80.4027
57	74.4250	76.3268	78.2898	80.3160	82.4078
58	76.1072	78.0901	80.1379	82.2530	84.4379
59	77.8049	79.8710	82.0061	84.2126	86.4933
60	79.5181	81.6697	83.8944	86.1951	88.5745

零存整付（月）複利終值表——年利率11%～15%（第061～120期）					
年利率 / 月-期數	11%	12%	13%	14%	15%
61	81.2470	83.4864	85.8033	88.2007	90.6817
62	82.9918	85.3212	87.7328	90.2297	92.8152
63	84.7525	87.1744	89.6833	92.2824	94.9754
64	86.5294	89.0462	91.6548	94.3591	97.1626
65	88.3226	90.9366	93.6478	96.4599	99.3771
66	90.1322	92.8460	95.6623	98.5853	101.6193
67	91.9584	94.7745	97.6986	100.7354	103.8896
68	93.8014	96.7222	99.7570	102.9107	106.1882
69	95.6612	98.6894	101.8377	105.1113	108.5156
70	97.5381	100.6763	103.9410	107.3376	110.8720
71	99.4322	102.6831	106.0670	109.5899	113.2579
72	101.3437	104.7099	108.2161	111.8684	115.6736
73	103.2727	106.7570	110.3884	114.1736	118.1195
74	105.2193	108.8246	112.5843	116.5056	120.5960
75	107.1839	110.9128	114.8039	118.8648	123.1035
76	109.1664	113.0220	117.0477	121.2516	125.6423
77	111.1671	115.1522	119.3157	123.6662	128.2128
78	113.1861	117.3037	121.6083	126.1089	130.8155
79	115.2236	119.4768	123.9257	128.5802	133.4507
80	117.2799	121.6715	126.2682	131.0803	136.1188
81	119.3549	123.8882	128.6361	133.6096	138.8203
82	121.4490	126.1271	131.0297	136.1684	141.5555
83	123.5623	128.3884	133.4492	138.7570	144.3250
84	125.6949	130.6723	135.8949	141.3758	147.1290
85	127.8471	132.9790	138.3671	144.0252	149.9682
86	130.0191	135.3088	140.8660	146.7055	152.8428
87	132.2109	137.6619	143.3921	149.4171	155.7533
88	134.4229	140.0385	145.9455	152.1603	158.7002
89	136.6551	142.4389	148.5266	154.9355	161.6840
90	138.9077	144.8633	151.1356	157.7431	164.7050
91	141.1811	147.3119	153.7729	160.5834	167.7638
92	143.4752	149.7850	156.4388	163.4569	170.8609
93	145.7904	152.2829	159.1335	166.3639	173.9966
94	148.1268	154.8057	161.8575	169.3048	177.1716
95	150.4846	157.3538	164.6109	172.2800	180.3862
96	152.8641	159.9273	167.3942	175.2899	183.6411
97	155.2653	162.5266	170.2077	178.3350	186.9366
98	157.6886	165.1518	173.0516	181.4156	190.2733
99	160.1341	167.8033	175.9263	184.5321	193.6517
100	162.6020	170.4814	178.8322	187.6849	197.0723
101	165.0925	173.1862	181.7695	190.8746	200.5357
102	167.6058	175.9181	184.7387	194.1015	204.0424
103	170.1422	178.6772	187.7400	197.3660	207.5930
104	172.7019	181.4640	190.7739	200.6686	211.1879
105	175.2850	184.2787	193.8406	204.0097	214.8277
106	177.8917	187.1214	196.9405	207.3898	218.5131
107	180.5224	189.9927	200.0741	210.8094	222.2445
108	183.1772	192.8926	203.2415	214.2688	226.0226
109	185.8563	195.8215	206.4433	217.7686	229.8478
110	188.5600	198.7797	209.6798	221.3093	233.7209
111	191.2885	201.7675	212.9513	224.8912	237.6424
112	194.0420	204.7852	216.2583	228.5149	241.6130
113	196.8207	207.8330	219.6011	232.1809	245.6331
114	199.6249	210.9114	222.9801	235.8897	249.7035
115	202.4540	214.0205	226.3957	239.6418	253.8240
116	205.3106	217.1607	229.8483	243.4376	257.9977
117	208.1926	220.3323	233.3384	247.2777	262.2226
118	211.1010	223.5356	236.8662	251.1626	266.5004
119	214.0361	226.7710	240.4322	255.0928	270.8317
120	216.9981	230.0387	244.0369	259.0689	275.2171

零存整付（月）複利終值表——年利率11%～15%（第121～180期）					
年利率 / 月-期數	11%	12%	13%	14%	15%
121	219.9873	233.3391	247.6807	263.0914	279.6573
122	223.0038	236.6725	251.3639	267.1608	284.1530
123	226.0480	240.0392	255.0870	271.2777	288.7049
124	229.1201	243.4396	258.8504	275.4426	293.3137
125	232.2204	246.8740	262.6546	279.6561	297.9801
126	235.3491	250.3427	266.5000	283.9187	302.7049
127	238.5065	253.8461	270.3871	288.2311	307.4887
128	241.6928	257.3846	274.3163	292.5938	312.3323
129	244.9083	260.9585	278.2881	297.0074	317.2365
130	248.1533	264.5680	282.3029	301.4725	322.2019
131	251.4280	268.2137	286.3612	305.9897	327.2294
132	254.7328	271.8959	290.4634	310.5595	332.3198
133	258.0678	275.6148	294.6101	315.1827	337.4738
134	261.4335	279.3710	298.8017	319.8599	342.6922
135	264.8299	283.1647	303.0387	324.5916	347.9759
136	268.2575	286.9963	307.3216	329.3785	353.3256
137	271.7166	290.8663	311.6510	334.2212	358.7421
138	275.2073	294.7749	316.0272	339.1205	364.2264
139	278.7300	298.7227	320.4508	344.0769	369.7793
140	282.2851	302.7099	324.9223	349.0911	375.4015
141	285.8727	306.7370	329.4423	354.1638	381.0940
142	289.4932	310.8044	334.0113	359.2957	386.8577
143	293.1469	314.9124	338.6298	364.4875	392.6934
144	296.8340	319.0616	343.2982	369.7399	398.6021
145	300.5550	323.2522	348.0173	375.0535	404.5846
146	304.3101	327.4847	352.7875	380.4291	410.6419
147	308.0996	331.7595	357.6094	385.8675	416.7749
148	311.9239	336.0771	362.4835	391.3693	422.9846
149	315.7832	340.4379	367.4104	396.9352	429.2719
150	319.6778	344.8423	372.3906	402.5661	435.6378
151	323.6082	349.2907	377.4249	408.2627	442.0833
152	327.5746	353.7836	382.5136	414.0258	448.6093
153	331.5774	358.3215	387.6575	419.8561	455.2170
154	335.6169	362.9047	392.8572	425.7544	461.9072
155	339.6933	367.5337	398.1131	431.7216	468.6810
156	343.8072	372.2091	403.4260	437.7583	475.5395
157	347.9588	376.9311	408.7965	443.8655	482.4838
158	352.1484	381.7005	414.2251	450.0439	489.5148
159	356.3764	386.5175	419.7125	456.2944	496.6337
160	360.6432	391.3826	425.2594	462.6179	503.8417
161	364.9491	396.2965	430.8664	469.0151	511.1397
162	369.2945	401.2594	436.5341	475.4869	518.5289
163	373.6797	406.2720	442.2632	482.0343	526.0105
164	378.1051	411.3347	448.0544	488.6530	533.5857
165	382.5710	416.4481	453.9083	495.3590	541.2555
166	387.0779	421.6126	459.8257	502.1382	549.0212
167	391.6261	426.8287	465.8071	508.9965	556.8840
168	396.2160	432.0970	471.8534	515.9348	564.8450
169	400.8480	437.4180	477.9651	522.9540	572.9056
170	405.5225	442.7921	484.1431	530.0551	581.0669
171	410.2398	448.2201	490.3879	537.2391	589.3302
172	415.0003	453.7023	496.7005	544.5069	597.6969
173	419.8045	459.2393	503.0814	551.8595	606.1681
174	424.6527	464.8317	509.5315	559.2979	614.7452
175	429.5453	470.4800	516.0514	566.8230	623.4295
176	434.4828	476.1848	522.6419	574.4359	632.2224
177	439.4656	481.9466	529.3039	582.1377	641.1251
178	444.4940	487.7661	536.0380	589.9293	650.1392
179	449.5685	493.6438	542.8451	597.8118	659.2659
180	454.6896	499.5802	549.7259	605.7863	668.5068

零存整付（月）複利終值表——年利率11%～15%（第181～240期）					
年利率 / 月-期數	11%	12%	13%	14%	15%
181	459.8576	505.5760	556.6813	613.8538	677.8631
182	465.0729	511.6318	563.7120	622.0154	687.3364
183	470.3361	517.7481	570.8189	630.2723	696.9281
184	475.6475	523.9256	578.0027	638.6254	706.6397
185	481.0076	530.1648	585.2644	647.0761	716.4727
186	486.4168	536.4665	592.6048	655.6253	726.4286
187	491.8757	542.8311	600.0247	664.2742	736.5090
188	497.3845	549.2594	607.5250	673.0241	746.7153
189	502.9439	555.7520	615.1065	681.8761	757.0493
190	508.5542	562.3096	622.7701	690.8313	767.5124
191	514.2160	568.9326	630.5168	699.8910	778.1063
192	519.9296	575.6220	638.3474	709.0564	788.8326
193	525.6956	582.3782	646.2628	718.3287	799.6930
194	531.5145	589.2020	654.2640	727.7092	810.6892
195	537.3867	596.0940	662.3519	737.1991	821.8228
196	543.3128	603.0549	670.5274	746.7998	833.0956
197	549.2931	610.0855	678.7914	756.5125	844.5093
198	555.3283	617.1863	687.1450	766.3384	856.0656
199	561.4188	624.3582	695.5890	776.2790	867.7665
200	567.5652	631.6018	704.1246	786.3356	879.6135
201	573.7678	638.9178	712.7526	796.5096	891.6087
202	580.0274	646.3070	721.4741	806.8022	903.7538
203	586.3443	653.7701	730.2901	817.2149	916.0507
204	592.7191	661.3078	739.2015	827.7490	928.5014
205	599.1524	668.9208	748.2096	838.4061	941.1076
206	605.6446	676.6100	757.3152	849.1875	953.8715
207	612.1963	684.3761	766.5194	860.0947	966.7949
208	618.8081	692.2199	775.8234	871.1291	979.8798
209	625.4806	700.1421	785.2281	882.2923	993.1283
210	632.2141	708.1435	794.7348	893.5857	1,006.5424
211	639.0094	716.2250	804.3444	905.0100	1,020.1242
212	645.8670	724.3872	814.0581	916.5693	1,033.8757
213	652.7875	732.6311	823.8771	928.2627	1,047.7992
214	659.7713	740.9574	833.8024	940.0924	1,061.8967
215	666.8192	749.3670	843.8353	952.0601	1,076.1704
216	673.9318	757.8606	853.9768	964.1675	1,090.6225
217	681.1095	766.4392	864.2282	976.4161	1,105.2553
218	688.3530	775.1036	874.5907	988.8076	1,120.0710
219	695.6629	783.8547	885.0654	1,001.3437	1,135.0719
220	703.0398	792.6932	895.6537	1,014.0261	1,150.2603
221	710.4843	801.6201	906.3566	1,026.8564	1,165.6385
222	717.9971	810.6363	917.1754	1,039.8364	1,181.2090
223	725.5787	819.7427	928.1115	1,052.9678	1,196.9741
224	733.2299	828.9401	939.1660	1,066.2524	1,212.9363
225	740.9511	838.2295	950.3403	1,079.6920	1,229.0980
226	748.7432	847.6118	961.6357	1,093.2884	1,245.4617
227	756.6067	857.0880	973.0534	1,107.0435	1,262.0300
228	764.5422	866.6588	984.5948	1,120.9590	1,278.8054
229	772.5505	876.3254	996.2613	1,135.0368	1,295.7904
230	780.6322	886.0887	1,008.0541	1,149.2789	1,312.9878
231	788.7880	895.9496	1,019.9747	1,163.6872	1,330.4002
232	797.0186	905.9091	1,032.0244	1,178.2635	1,348.0302
233	805.3246	915.9681	1,044.2047	1,193.0099	1,365.8806
234	813.7067	926.1278	1,056.5169	1,207.9284	1,383.9541
235	822.1657	936.3891	1,068.9625	1,223.0209	1,402.2535
236	830.7022	946.7530	1,081.5429	1,238.2895	1,420.7817
237	839.3170	957.2205	1,094.2596	1,253.7362	1,439.5414
238	848.0108	967.7927	1,107.1141	1,269.3631	1,458.5357
239	856.7842	978.4707	1,120.1079	1,285.1723	1,477.7674
240	865.6380	989.2554	1,133.2424	1,301.1660	1,497.2395

零存整付（月）複利終值表——年利率11%～15%（第241～300期）

年利率 月-期數	11%	12%	13%	14%	15%
241	874.5731	1,000.1479	1,146.5191	1,317.3463	1,516.9550
242	883.5900	1,011.1494	1,159.9398	1,333.7153	1,536.9169
243	892.6895	1,022.2609	1,173.5058	1,350.2753	1,557.1284
244	901.8725	1,033.4835	1,187.2188	1,367.0285	1,577.5925
245	911.1397	1,044.8183	1,201.0803	1,383.9772	1,598.3124
246	920.4918	1,056.2665	1,215.0920	1,401.1236	1,619.2913
247	929.9297	1,067.8292	1,229.2555	1,418.4700	1,640.5324
248	939.4540	1,079.5075	1,243.5724	1,436.0189	1,662.0391
249	949.0657	1,091.3026	1,258.0445	1,453.7724	1,683.8146
250	958.7654	1,103.2156	1,272.6733	1,471.7331	1,705.8623
251	963.5541	1,115.2477	1,287.4606	1,489.9033	1,728.1855
252	978.4325	1,127.4002	1,302.4081	1,508.2855	1,750.7879
253	988.4015	1,139.6742	1,317.5175	1,526.8822	1,773.6727
254	998.4618	1,152.0710	1,332.7906	1,545.6958	1,796.8436
255	1,008.6144	1,164.5917	1,348.2292	1,564.7289	1,820.3042
256	1,018.8600	1,177.2376	1,363.8350	1,583.9841	1,844.0580
257	1,029.1996	1,190.0100	1,379.6099	1,603.4639	1,868.1087
258	1,039.6339	1,202.9101	1,395.5556	1,623.1710	1,892.4600
259	1,050.1639	1,215.9392	1,411.6741	1,643.1080	1,917.1158
260	1,060.7904	1,229.0985	1,427.9673	1,663.2776	1,942.0797
261	1,071.5143	1,242.3895	1,444.4369	1,683.6825	1,967.3557
262	1,082.3365	1,255.8134	1,461.0850	1,704.3254	1,992.9477
263	1,093.2580	1,269.3716	1,477.9134	1,725.2092	2,018.8595
264	1,104.2795	1,283.0653	1,494.9241	1,746.3367	2,045.0953
265	1,115.4020	1,296.8959	1,512.1192	1,767.7106	2,071.6590
266	1,126.6266	1,310.8649	1,529.5004	1,789.3339	2,098.5547
267	1,137.9540	1,324.9735	1,547.0700	1,811.2095	2,125.7866
268	1,149.3852	1,339.2233	1,564.8300	1,833.3402	2,153.3590
269	1,160.9213	1,353.6155	1,582.7823	1,855.7292	2,181.2760
270	1,172.5630	1,368.1517	1,600.9291	1,878.3794	2,209.5419
271	1,184.3115	1,382.8332	1,619.2725	1,901.2938	2,238.1612
272	1,196.1677	1,397.6615	1,637.8146	1,924.4756	2,267.1382
273	1,208.1326	1,412.6381	1,656.5576	1,947.9278	2,296.4774
274	1,220.2071	1,427.7645	1,675.5036	1,971.6536	2,326.1834
275	1,232.3924	1,443.0422	1,694.6549	1,995.6562	2,356.2607
276	1,244.6893	1,458.4726	1,714.0137	2,019.9389	2,386.7139
277	1,257.0989	1,474.0573	1,733.5822	2,044.5049	2,417.5479
278	1,269.6224	1,489.7979	1,753.3626	2,069.3574	2,448.7672
279	1,282.2606	1,505.6959	1,773.3574	2,094.4999	2,480.3768
280	1,295.0146	1,521.7528	1,793.5688	2,119.9357	2,512.3815
281	1,307.8856	1,537.9703	1,813.9991	2,145.6683	2,544.7863
282	1,320.8745	1,554.3500	1,834.6508	2,171.7011	2,577.5961
283	1,333.9825	1,570.8935	1,855.5262	2,198.0376	2,610.8161
284	1,347.2107	1,587.6025	1,876.6277	2,224.6814	2,644.4513
285	1,360.5602	1,604.4785	1,897.9578	2,251.6360	2,678.5069
286	1,374.0320	1,621.5233	1,919.5190	2,278.9051	2,712.9882
287	1,387.6272	1,638.7385	1,941.3138	2,306.4923	2,747.9006
288	1,401.3472	1,656.1259	1,963.3447	2,334.4014	2,783.2493
289	1,415.1928	1,673.6872	1,985.6143	2,362.6361	2,819.0400
290	1,429.1654	1,691.4240	2,008.1251	2,391.2002	2,855.2780
291	1,443.2661	1,709.3383	2,030.8798	2,420.0975	2,891.9689
292	1,457.4961	1,727.4317	2,053.8810	2,449.3320	2,929.1185
293	1,471.8565	1,745.7060	2,077.1314	2,478.9075	2,966.7325
294	1,486.3485	1,764.1630	2,100.6336	2,508.8281	3,004.8167
295	1,500.9733	1,782.8047	2,124.3905	2,539.0978	3,043.3769
296	1,515.7323	1,801.6327	2,148.4047	2,569.7206	3,082.4191
297	1,530.6265	1,820.6490	2,172.6791	2,600.7007	3,121.9493
298	1,545.6572	1,839.8555	2,197.2165	2,632.0422	3,161.9737
299	1,560.8257	1,859.2541	2,222.0196	2,663.7493	3,202.4984
300	1,576.1333	1,878.8466	2,247.0915	2,695.8264	3,243.5296

零存整付（月）複利終值表——年利率11%～15%（第301～360期）					
年利率 / 月-期數	11%	12%	13%	14%	15%
301	1,591.5812	1,898.6351	2,272.4350	2,728.2777	3,285.0737
302	1,607.1707	1,918.6214	2,298.0531	2,761.1076	3,327.1372
303	1,622.9031	1,938.8077	2,323.9486	2,794.3205	3,369.7264
304	1,638.7797	1,959.1957	2,350.1247	2,827.9210	3,412.8480
305	1,654.8018	1,979.7877	2,376.5844	2,861.9134	3,456.5086
306	1,670.9709	2,000.5856	2,403.3308	2,896.3024	3,500.7149
307	1,687.2881	2,021.5914	2,430.3668	2,931.0925	3,545.4738
308	1,703.7549	2,042.8073	2,457.6958	2,966.2886	3,590.7923
309	1,720.3727	2,064.2354	2,485.3209	3,001.8953	3,636.6772
310	1,737.1427	2,085.8778	2,513.2452	3,037.9174	3,683.1356
311	1,754.0665	2,107.7365	2,541.4720	3,074.3598	3,730.1748
312	1,771.1455	2,129.8139	2,570.0046	3,111.2273	3,777.8020
313	1,788.3810	2,152.1120	2,598.8463	3,148.5250	3,826.0245
314	1,805.7745	2,174.6332	2,628.0005	3,186.2578	3,874.8498
315	1,823.3274	2,197.3795	2,657.4705	3,224.4308	3,924.2855
316	1,841.0412	2,220.3533	2,687.2598	3,263.0491	3,974.3390
317	1,858.9175	2,243.5568	2,717.3717	3,302.1181	4,025.0183
318	1,876.9575	2,266.9924	2,747.8099	3,341.6428	4,076.3310
319	1,895.1630	2,290.6623	2,778.5779	3,381.6286	4,128.2851
320	1,913.5353	2,314.5689	2,809.6791	3,422.0809	4,180.8887
321	1,932.0760	2,338.7146	2,841.1173	3,463.0052	4,234.1498
322	1,950.7867	2,363.1018	2,872.8961	3,504.4069	4,288.0767
323	1,969.6690	2,387.7328	2,905.0191	3,546.2917	4,342.6776
324	1,988.7243	2,412.6101	2,937.4902	3,588.6651	4,397.9611
325	2,007.9542	2,437.7362	2,970.3130	3,631.5328	4,453.9356
326	2,027.3605	2,463.1136	3,003.4914	3,674.9007	4,510.6098
327	2,046.9446	2,488.7447	3,037.0292	3,718.7746	4,567.9925
328	2,066.7083	2,514.6322	3,070.9303	3,763.1603	4,626.0924
329	2,086.6531	2,540.7785	3,105.1988	3,808.0638	4,684.9185
330	2,106.7807	2,567.1863	3,139.8384	3,853.4912	4,744.4800
331	2,127.0929	2,593.8581	3,174.8533	3,899.4486	4,804.7860
332	2,147.5913	2,620.7967	3,210.2476	3,945.9422	4,865.8458
333	2,168.2775	2,648.0047	3,246.0253	3,992.9782	4,927.6689
334	2,189.1534	2,675.4847	3,282.1905	4,040.5629	4,990.2648
335	2,210.2206	2,703.2396	3,318.7476	4,088.7028	5,053.6431
336	2,231.4810	2,731.2720	3,355.7007	4,137.4044	5,117.8136
337	2,252.9362	2,759.5847	3,393.0541	4,186.6741	5,182.7863
338	2,274.5881	2,788.1805	3,430.8122	4,236.5186	5,248.5711
339	2,296.4385	2,817.0624	3,468.9793	4,286.9447	5,315.1782
340	2,318.4892	2,846.2330	3,507.5599	4,337.9590	5,382.6180
341	2,340.7420	2,875.6953	3,546.5585	4,389.5685	5,450.9007
342	2,363.1988	2,905.4523	3,585.9796	4,441.7802	5,520.0360
343	2,385.8615	2,935.5068	3,625.8277	4,494.6009	5,590.0374
344	2,408.7319	2,965.8618	3,666.1075	4,548.0379	5,660.9129
345	2,431.8119	2,996.5205	3,706.8236	4,602.0984	5,732.6743
346	2,455.1035	3,027.4857	3,747.9809	4,656.7895	5,805.3327
347	2,478.6087	3,058.7605	3,789.5840	4,712.1187	5,878.8994
348	2,502.3292	3,090.3481	3,831.6378	4,768.0935	5,953.3856
349	2,526.2673	3,122.2516	3,874.1473	4,824.7212	6,028.8029
350	2,550.4247	3,154.4741	3,917.1172	4,882.0096	6,105.1630
351	2,574.8036	3,187.0189	3,960.5526	4,939.9664	6,182.4775
352	2,599.4060	3,219.8891	4,004.4586	4,998.5994	6,260.7585
353	2,624.2339	3,253.0880	4,048.8402	5,057.9164	6,340.0180
354	2,649.2893	3,286.6188	4,093.7027	5,117.9254	6,420.2682
355	2,674.5745	3,320.4850	4,139.0511	5,178.6345	6,501.5215
356	2,700.0914	3,354.6899	4,184.8908	5,240.0519	6,583.7906
357	2,725.8423	3,389.2368	4,231.2272	5,302.1858	6,667.0879
358	2,751.8291	3,424.1291	4,278.0655	5,365.0447	6,751.4265
359	2,778.0542	3,459.3704	4,325.4112	5,428.6369	6,836.8194
360	2,804.5197	3,494.9641	4,373.2698	5,492.9710	6,923.2796

年金複利終值表——年利率01%～05%

年利率 / 年-期數	1%	2%	3%	4%	5%
1	1.0000	1.0000	1.0000	1.0000	1.0000
2	2.0100	2.0200	2.0300	2.0400	2.0500
3	3.0301	3.0604	3.0909	3.1216	3.1525
4	4.0604	4.1216	4.1836	4.2465	4.3101
5	5.1010	5.2040	5.3091	5.4163	5.5256
6	6.1520	6.3081	6.4684	6.6330	6.8019
7	7.2135	7.4343	7.6625	7.8983	8.1420
8	8.2857	8.5830	8.8923	9.2142	9.5491
9	9.3685	9.7546	10.1591	10.5828	11.0266
10	10.4622	10.9497	11.4639	12.0061	12.5779
11	11.5668	12.1687	12.8078	13.4864	14.2068
12	12.6825	13.4121	14.1920	15.0258	15.9171
13	13.8093	14.6803	15.6178	16.6268	17.7130
14	14.9474	15.9739	17.0863	18.2919	19.5986
15	16.0969	17.2934	18.5989	20.0236	21.5786
16	17.2579	18.6393	20.1569	21.8245	23.6575
17	18.4304	20.0121	21.7616	23.6975	25.8404
18	19.6147	21.4123	23.4144	25.6454	28.1324
19	20.8109	22.8406	25.1169	27.6712	30.5390
20	22.0190	24.2974	26.8704	29.7781	33.0660
21	23.2392	25.7833	28.6765	31.9692	35.7193
22	24.4716	27.2990	30.5368	34.2480	38.5052
23	25.7163	28.8450	32.4529	36.6179	41.4305
24	26.9735	30.4219	34.4265	39.0826	44.5020
25	28.2432	32.0303	36.4593	41.6459	47.7271
26	29.5256	33.6709	38.5530	44.3117	51.1135
27	30.8209	35.3443	40.7096	47.0842	54.6691
28	32.1291	37.0512	42.9309	49.9676	58.4026
29	33.4504	38.7922	45.2189	52.9663	62.3227
30	34.7849	40.5681	47.5754	56.0849	66.4388
31	36.1327	42.3794	50.0027	59.3283	70.7608
32	37.4941	44.2270	52.5028	62.7015	75.2988
33	38.8690	46.1116	55.0778	66.2095	80.0638
34	40.2577	48.0338	57.7302	69.8579	85.0670
35	41.6603	49.9945	60.4621	73.6522	90.3203
36	43.0769	51.9944	63.2759	77.5983	95.8363
37	44.5076	54.0343	66.1742	81.7022	101.6281
38	45.9527	56.1149	69.1595	85.9703	107.7095
39	47.4123	58.2372	72.2342	90.4092	114.0950
40	48.8864	60.4020	75.4013	95.0255	120.7998
41	50.3752	62.6100	78.6633	99.8265	127.8398
42	51.8790	64.8622	82.0232	104.8196	135.2318
43	53.3978	67.1595	85.4839	110.0124	142.9933
44	54.9318	69.5027	89.0484	115.4129	151.1430
45	56.4811	71.8927	92.7199	121.0294	159.7002
46	58.0459	74.3306	96.5015	126.8706	168.6852
47	59.6263	76.8172	100.3965	132.9454	178.1194
48	61.2226	79.3535	104.4084	139.2632	188.0254
49	62.8348	81.9406	108.5406	145.8337	198.4267
50	64.4632	84.5794	112.7969	152.6671	209.3480
51	66.1078	87.2710	117.1808	159.7738	220.8154
52	67.7689	90.0164	121.6962	167.1647	232.8562
53	69.4466	92.8167	126.3471	174.8513	245.4990
54	71.1410	95.6731	131.1375	182.8454	258.7739
55	72.8525	98.5865	136.0716	191.1592	272.7126
56	74.5810	101.5583	141.1538	199.8055	287.3483
57	76.3268	104.5894	146.3884	208.7978	302.7157
58	78.0901	107.6812	151.7800	218.1497	318.8514
59	79.8710	110.8348	157.3334	227.8757	335.7940
60	81.6697	114.0515	163.0534	237.9907	353.5837

年金複利終値表——年利率06%～10%

年利率 / 年-期數	6%	7%	8%	9%	10%
1	1.0000	1.0000	1.0000	1.0000	1.0000
2	2.0600	2.0700	2.0800	2.0900	2.1000
3	3.1836	3.2149	3.2464	3.2781	3.3100
4	4.3746	4.4399	4.5061	4.5731	4.6410
5	5.6371	5.7507	5.8666	5.9847	6.1051
6	6.9753	7.1533	7.3359	7.5233	7.7156
7	8.3938	8.6540	8.9228	9.2004	9.4872
8	9.8975	10.2598	10.6366	11.0285	11.4359
9	11.4913	11.9780	12.4876	13.0210	13.5795
10	13.1808	13.8164	14.4866	15.1929	15.9374
11	14.9716	15.7836	16.6455	17.5603	18.5312
12	16.8699	17.8885	18.9771	20.1407	21.3843
13	18.8821	20.1406	21.4953	22.9534	24.5227
14	21.0151	22.5505	24.2149	26.0192	27.9750
15	23.2760	25.1290	27.1521	29.3609	31.7725
16	25.6725	27.8881	30.3243	33.0034	35.9497
17	28.2129	30.8402	33.7502	36.9737	40.5447
18	30.9057	33.9990	37.4502	41.3013	45.5992
19	33.7600	37.3790	41.4463	46.0185	51.1591
20	36.7856	40.9955	45.7620	51.1601	57.2750
21	39.9927	44.8652	50.4229	56.7645	64.0025
22	43.3923	49.0057	55.4568	62.8733	71.4028
23	46.9958	53.4361	60.8933	69.5319	79.5430
24	50.8156	58.1767	66.7648	76.7898	88.4973
25	54.8645	63.2490	73.1059	84.7009	98.3471
26	59.1564	68.6765	79.9544	93.3240	109.1818
27	63.7058	74.4838	87.3508	102.7231	121.0999
28	68.5281	80.6977	95.3388	112.9682	134.2099
29	73.6398	87.3465	103.9659	124.1354	148.6309
30	79.0582	94.4608	113.2832	136.3075	164.4940
31	84.8017	102.0730	123.3459	149.5752	101.9434
32	90.8898	110.2182	134.2135	164.0370	201.1378
33	97.3432	118.9334	145.9506	179.8003	222.2515
34	104.1838	128.2588	158.6267	196.9823	245.4767
35	111.4348	138.2369	172.3168	215.7108	271.0244
36	119.1209	148.9135	187.1021	236.1247	299.1268
37	127.2681	160.3374	203.0703	258.3759	330.0395
38	135.9042	172.5610	220.3159	282.6298	364.0434
39	145.0585	185.6403	238.9412	309.0665	401.4478
40	154.7620	199.6351	259.0565	337.8824	442.5926
41	165.0477	214.6096	280.7810	369.2919	487.8518
42	175.9505	230.6322	304.2435	403.5281	537.6370
43	187.5076	247.7765	329.5830	440.8457	592.4007
44	199.7580	266.1209	356.9496	481.5218	652.6408
45	212.7435	285.7493	386.5056	525.8587	718.9048
46	226.5081	306.7518	418.4261	574.1860	791.7953
47	241.0986	329.2244	452.9002	626.8628	871.9749
48	256.5645	353.2701	490.1322	684.2804	960.1723
49	272.9584	378.9990	530.3427	746.8656	1,057.1896
50	290.3359	406.5289	573.7702	815.0836	1,163.9085
51	308.7561	435.9860	620.6718	889.4411	1,281.2994
52	328.2814	467.5050	671.3255	970.4908	1,410.4293
53	348.9783	501.2303	726.0316	1,058.8349	1,552.4723
54	370.9170	537.3164	785.1141	1,155.1301	1,708.7195
55	394.1720	575.9286	848.9232	1,260.0918	1,880.5914
56	418.8223	617.2436	917.8371	1,374.5001	2,069.6506
57	444.9517	661.4506	992.2640	1,499.2051	2,277.6156
58	472.6488	708.7522	1,072.6451	1,635.1335	2,506.3772
59	502.0077	759.3648	1,159.4568	1,783.2955	2,758.0149
60	533.1282	813.5204	1,253.2133	1,944.7921	3,034.8164

年金複利終值表——年利率11%～15%

年利率 / 年-期數	11%	12%	13%	14%	15%
1	1.0000	1.0000	1.0000	1.0000	1.0000
2	2.1100	2.1200	2.1300	2.1400	2.1500
3	3.3421	3.3744	3.4069	3.4396	3.4725
4	4.7097	4.7793	4.8498	4.9211	4.9934
5	6.2278	6.3528	6.4803	6.6101	6.7424
6	7.9129	8.1152	8.3227	8.5355	8.7537
7	9.7833	10.0890	10.4047	10.7305	11.0668
8	11.8594	12.2997	12.7573	13.2328	13.7268
9	14.1640	14.7757	15.4157	16.0853	16.7858
10	16.7220	17.5487	18.4198	19.3373	20.3037
11	19.5614	20.6546	21.8143	23.0445	24.3493
12	22.7132	24.1331	25.6502	27.2707	29.0017
13	26.2116	28.0291	29.9847	32.0887	34.3519
14	30.0949	32.3926	34.8827	37.5811	40.5047
15	34.4054	37.2797	40.4175	43.8424	47.5804
16	39.1899	42.7533	46.6717	50.9804	55.7175
17	44.5008	48.8837	53.7391	59.1176	65.0751
18	50.3959	55.7497	61.7251	68.3941	75.8364
19	56.9395	63.4397	70.7494	78.9692	88.2118
20	64.2028	72.0524	80.9468	91.0249	102.4436
21	72.2651	81.6987	92.4699	104.7684	118.8101
22	81.2143	92.5026	105.4910	120.4360	137.6316
23	91.1479	104.6029	120.2048	138.2970	159.2764
24	102.1742	118.1552	136.8315	158.6586	184.1678
25	114.4133	133.3339	155.6196	181.8708	212.7930
26	127.9988	150.3339	176.8501	208.3327	245.7120
27	143.0786	169.3740	200.8406	238.4993	283.5688
28	159.8173	190.6989	227.9499	272.8892	327.1041
29	178.3972	214.5828	258.5834	312.0937	377.1697
30	199.0209	241.3327	293.1992	356.7868	434.7451
31	221.9132	271.2926	332.3151	407.7370	500.9569
32	247.3236	304.8477	376.5161	465.8202	577.1005
33	275.5292	342.4294	426.4632	532.0350	664.6655
34	306.8374	384.5210	482.9034	607.5199	765.3654
35	341.5896	431.6635	546.6808	693.5727	881.1702
36	380.1644	484.4631	618.7493	791.6729	1,014.3457
37	422.9825	543.5987	700.1867	903.5071	1,167.4975
38	470.5106	609.8305	792.2110	1,030.9981	1,343.6222
39	523.2667	684.0102	896.1984	1,176.3378	1,546.1655
40	581.8261	767.0914	1,013.7042	1,342.0251	1,779.0903
41	646.8269	860.1424	1,146.4858	1,530.9086	2,046.9539
42	718.9779	964.3595	1,296.5289	1,746.2358	2,354.9969
43	799.0655	1,081.0826	1,466.0777	1,991.7088	2,709.2465
44	887.9627	1,211.8125	1,657.6678	2,271.5481	3,116.6334
45	986.6386	1,358.2300	1,874.1646	2,590.5648	3,585.1285
46	1,096.1688	1,522.2176	2,118.8060	2,954.2439	4,123.8977
47	1,217.7474	1,705.8838	2,395.2508	3,368.8380	4,743.4824
48	1,352.6996	1,911.5898	2,707.6334	3,841.4753	5,456.0047
49	1,502.4965	2,141.9806	3,060.6258	4,380.2819	6,275.4055
50	1,668.7712	2,400.0182	3,459.5071	4,994.5213	7,217.7163
51	1,853.3360	2,689.0204	3,910.2430	5,694.7543	8,301.3737
52	2,058.2029	3,012.7029	4,419.5746	6,493.0199	9,547.5798
53	2,285.6053	3,375.2272	4,995.1193	7,403.0427	10,980.7167
54	2,538.0218	3,781.2545	5,645.4849	8,440.4687	12,628.8243
55	2,818.2042	4,236.0050	6,380.3979	9,623.1343	14,524.1479
56	3,129.2067	4,745.3257	7,210.8496	10,971.3731	16,703.7701
57	3,474.4194	5,315.7647	8,149.2601	12,508.3654	19,210.3356
58	3,857.6056	5,954.6565	9,209.6639	14,260.5365	22,092.8859
59	4,282.9422	6,670.2153	10,407.9202	16,258.0117	25,407.8188
60	4,755.0658	7,471.6411	11,761.9498	18,535.1333	29,219.9916

年金複利終値表——年利率16%～20%

年利率 年-期數	16%	17%	18%	19%	20%
1	1.0000	1.0000	1.0000	1.0000	1.0000
2	2.1600	2.1700	2.1800	2.1900	2.2000
3	3.5056	3.5389	3.5724	3.6061	3.6400
4	5.0665	5.1405	5.2154	5.2913	5.3680
5	6.8771	7.0144	7.1542	7.2966	7.4416
6	8.9775	9.2068	9.4420	9.6830	9.9299
7	11.4139	11.7720	12.1415	12.5227	12.9159
8	14.2401	14.7733	15.3270	15.9020	16.4991
9	17.5185	18.2847	19.0859	19.9234	20.7989
10	21.3215	22.3931	23.5213	24.7089	25.9587
11	25.7329	27.1999	28.7551	30.4035	32.1504
12	30.8502	32.8239	34.9311	37.1802	39.5805
13	36.7862	39.4040	42.2187	45.2445	48.4966
14	43.6720	47.1027	50.8180	54.8409	59.1959
15	51.6595	56.1101	60.9653	66.2607	72.0351
16	60.9250	66.6488	72.9390	79.8502	87.4421
17	71.6730	78.9792	87.0680	96.0218	105.9306
18	84.1407	93.4056	103.7403	115.2659	128.1167
19	98.6032	110.2846	123.4135	138.1664	154.7400
20	115.3797	130.0329	146.6280	165.4180	186.6880
21	134.8405	153.1385	174.0210	197.8474	225.0256
22	157.4150	180.1721	206.3448	236.4385	271.0307
23	183.6014	211.8013	244.4868	282.3618	326.2369
24	213.9776	248.8076	289.4945	337.0105	392.4842
25	249.2140	292.1049	342.6035	402.0425	471.9811
26	290.0883	342.7627	405.2721	479.4306	567.3773
27	337.5024	402.0323	479.2211	571.5224	681.8528
28	392.5028	471.3778	566.4809	681.1116	819.2233
29	456.3032	552.5121	669.4475	811.5228	984.0680
30	530.3117	647.4391	790.9480	966.7122	1,181.8816
31	616.1616	758.5038	934.3186	1,151.3875	1,419.2579
32	715.7475	888.4494	1,103.4960	1,371.1511	1,704.1095
33	831.2671	1,040.4858	1,303.1253	1,632.6698	2,045.9314
34	965.2698	1,218.3684	1,538.6878	1,943.8771	2,456.1176
35	1,120.7130	1,426.4910	1,816.6516	2,314.2137	2,948.3411
36	1,301.0270	1,669.9945	2,144.6489	2,754.9143	3,539.0094
37	1,510.1914	1,954.8936	2,531.6857	3,279.3481	4,247.8113
38	1,752.8220	2,288.2255	2,988.3891	3,903.4242	5,098.3735
39	2,034.2735	2,678.2238	3,527.2992	4,646.0748	6,119.0482
40	2,360.7572	3,134.5218	4,163.2130	5,529.8290	7,343.8578
41	2,739.4784	3,668.3906	4,913.5914	6,581.4965	8,813.6294
42	3,178.7949	4,293.0169	5,799.0378	7,832.9808	10,577.3553
43	3,688.4021	5,023.8298	6,843.8646	9,322.2472	12,693.8263
44	4,279.5465	5,878.8809	8,076.7603	11,094.4741	15,233.5916
45	4,965.2739	6,879.2907	9,531.5771	13,203.4242	18,281.3099
46	5,760.7177	8,049.7701	11,248.2610	15,713.0748	21,938.5719
47	6,683.4326	9,419.2310	13,273.9480	18,699.5590	26,327.2863
48	7,753.7818	11,021.5002	15,664.2586	22,253.4753	31,593.7436
49	8,995.3869	12,896.1553	18,484.8251	26,482.6356	37,913.4923
50	10,435.6488	15,089.5017	21,813.0937	31,515.3363	45,497.1908
51	12,106.3526	17,655.7170	25,740.4505	37,504.2502	54,597.6289
52	14,044.3690	20,658.1888	30,374.7316	44,631.0578	65,518.1547
53	16,292.4680	24,171.0809	35,843.1833	53,111.9588	78,622.7856
54	18,900.2629	28,281.1647	42,295.9563	63,204.2309	94,348.3427
55	21,925.3050	33,089.9627	49,910.2284	75,214.0348	113,219.0113
56	25,434.3538	38,716.2564	58,895.0696	89,505.7014	135,863.8135
57	29,504.8504	45,299.0199	69,497.1821	106,512.7847	163,037.5763
58	34,226.6264	53,000.8533	82,007.6749	126,751.2137	195,646.0915
59	39,703.8867	62,011.9984	96,770.0563	150,834.9444	234,776.3098
60	46,057.5085	72,555.0381	114,189.6665	179,494.5838	281,732.5718

複利終值表——年利率01%～05%

年利率 / 年-期數	1%	2%	3%	4%	5%
1	1.0100	1.0200	1.0300	1.0400	1.0500
2	1.0201	1.0404	1.0609	1.0816	1.1025
3	1.0303	1.0612	1.0927	1.1249	1.1576
4	1.0406	1.0824	1.1255	1.1699	1.2155
5	1.0510	1.1041	1.1593	1.2167	1.2763
6	1.0615	1.1262	1.1941	1.2653	1.3401
7	1.0721	1.1487	1.2299	1.3159	1.4071
8	1.0829	1.1717	1.2668	1.3686	1.4775
9	1.0937	1.1951	1.3048	1.4233	1.5513
10	1.1046	1.2190	1.3439	1.4802	1.6289
11	1.1157	1.2434	1.3842	1.5395	1.7103
12	1.1268	1.2682	1.4258	1.6010	1.7959
13	1.1381	1.2936	1.4685	1.6651	1.8857
14	1.1495	1.3195	1.5126	1.7317	1.9799
15	1.1610	1.3459	1.5580	1.8009	2.0789
16	1.1726	1.3728	1.6047	1.8730	2.1829
17	1.1843	1.4002	1.6528	1.9479	2.2920
18	1.1961	1.4282	1.7024	2.0258	2.4066
19	1.2081	1.4568	1.7535	2.1069	2.5270
20	1.2202	1.4859	1.8061	2.1911	2.6533
21	1.2324	1.5157	1.8603	2.2788	2.7860
22	1.2447	1.5460	1.9161	2.3699	2.9253
23	1.2572	1.5769	1.9736	2.4647	3.0715
24	1.2697	1.6084	2.0328	2.5633	3.2251
25	1.2824	1.6406	2.0938	2.6658	3.3864
26	1.2953	1.6734	2.1566	2.7725	3.5557
27	1.3082	1.7069	2.2213	2.8834	3.7335
28	1.3213	1.7410	2.2879	2.9987	3.9201
29	1.3345	1.7758	2.3566	3.1187	4.1161
30	1.3478	1.8114	2.4273	3.2434	4.3219
31	1.3613	1.8476	2.5001	3.3731	4.5380
32	1.3749	1.8845	2.5751	3.5081	4.7649
33	1.3887	1.9222	2.6523	3.6484	5.0032
34	1.4026	1.9607	2.7319	3.7943	5.2533
35	1.4166	1.9999	2.8139	3.9461	5.5160
36	1.4308	2.0399	2.8983	4.1039	5.7918
37	1.4451	2.0807	2.9852	4.2681	6.0814
38	1.4595	2.1223	3.0748	4.4388	6.3855
39	1.4741	2.1647	3.1670	4.6164	6.7048
40	1.4889	2.2080	3.2620	4.8010	7.0400
41	1.5038	2.2522	3.3599	4.9931	7.3920
42	1.5188	2.2972	3.4607	5.1928	7.7616
43	1.5340	2.3432	3.5645	5.4005	8.1497
44	1.5493	2.3901	3.6715	5.6165	8.5572
45	1.5648	2.4379	3.7816	5.8412	8.9850
46	1.5805	2.4866	3.8950	6.0748	9.4343
47	1.5963	2.5363	4.0119	6.3178	9.9060
48	1.6122	2.5871	4.1323	6.5705	10.4013
49	1.6283	2.6388	4.2562	6.8334	10.9213
50	1.6446	2.6916	4.3839	7.1067	11.4674
51	1.6611	2.7454	4.5154	7.3910	12.0408
52	1.6777	2.8003	4.6509	7.6866	12.6428
53	1.6945	2.8563	4.7904	7.9941	13.2749
54	1.7114	2.9135	4.9341	8.3138	13.9387
55	1.7285	2.9717	5.0821	8.6464	14.6356
56	1.7458	3.0312	5.2346	8.9922	15.3674
57	1.7633	3.0918	5.3917	9.3519	16.1358
58	1.7809	3.1536	5.5534	9.7260	16.9426
59	1.7987	3.2167	5.7200	10.1150	17.7897
60	1.8167	3.2810	5.8916	10.5196	18.6792

複利終值表——年利率06%～10%					
年利率 / 年-期數	6%	7%	8%	9%	10%
1	1.0600	1.0700	1.0800	1.0900	1.1000
2	1.1236	1.1449	1.1664	1.1881	1.2100
3	1.1910	1.2250	1.2597	1.2950	1.3310
4	1.2625	1.3108	1.3605	1.4116	1.4641
5	1.3382	1.4026	1.4693	1.5386	1.6105
6	1.4185	1.5007	1.5869	1.6771	1.7716
7	1.5036	1.6058	1.7138	1.8280	1.9487
8	1.5938	1.7182	1.8509	1.9926	2.1436
9	1.6895	1.8385	1.9990	2.1719	2.3579
10	1.7908	1.9672	2.1589	2.3674	2.5937
11	1.8983	2.1049	2.3316	2.5804	2.8531
12	2.0122	2.2522	2.5182	2.8127	3.1384
13	2.1329	2.4098	2.7196	3.0658	3.4523
14	2.2609	2.5785	2.9372	3.3417	3.7975
15	2.3966	2.7590	3.1722	3.6425	4.1772
16	2.5404	2.9522	3.4259	3.9703	4.5950
17	2.6928	3.1588	3.7000	4.3276	5.0545
18	2.8543	3.3799	3.9960	4.7171	5.5599
19	3.0256	3.6165	4.3157	5.1417	6.1159
20	3.2071	3.8697	4.6610	5.6044	6.7275
21	3.3996	4.1406	5.0338	6.1088	7.4003
22	3.6035	4.4304	5.4365	6.6586	8.1403
23	3.8198	4.7405	5.8715	7.2579	8.9543
24	4.0489	5.0724	6.3412	7.9111	9.8497
25	4.2919	5.4274	6.8485	8.6231	10.8347
26	4.5494	5.8074	7.3964	9.3992	11.9182
27	4.8223	6.2139	7.9881	10.2451	13.1100
28	5.1117	6.6488	8.6271	11.1671	14.4210
29	5.4184	7.1143	9.3173	12.1722	15.8631
30	5.7435	7.6123	10.0627	13.2677	17.4494
31	6.0881	8.1451	10.8677	14.4010	19.1943
32	6.4534	8.7153	11.7371	15.7633	21.1138
33	6.8406	9.3253	12.6761	17.1820	23.2252
34	7.2510	9.9781	13.6901	18.7284	25.5477
35	7.6861	10.6766	14.7853	20.4140	28.1024
36	8.1473	11.4239	15.9682	22.2512	30.9127
37	8.6361	12.2236	17.2456	24.2538	34.0039
38	9.1543	13.0793	18.6253	26.4367	37.4043
39	9.7035	13.9948	20.1153	28.8160	41.1448
40	10.2857	14.9745	21.7245	31.4094	45.2593
41	10.9029	16.0227	23.4625	34.2363	49.7852
42	11.5570	17.1443	25.3395	37.3175	54.7637
43	12.2505	18.3444	27.3666	40.6761	60.2401
44	12.9855	19.6285	29.5560	44.3370	66.2641
45	13.7646	21.0025	31.9205	48.3273	72.8905
46	14.5905	22.4726	34.4741	52.6767	80.1795
47	15.4659	24.0457	37.2320	57.4176	88.1975
48	16.3939	25.7289	40.2106	62.5852	97.0172
49	17.3775	27.5299	43.4274	68.2179	106.7190
50	18.4202	29.4570	46.9016	74.3575	117.3909
51	19.5254	31.5190	50.6537	81.0497	129.1299
52	20.6969	33.7253	54.7060	88.3442	142.0429
53	21.9387	36.0861	59.0825	96.2951	156.2472
54	23.2550	38.6122	63.8091	104.9617	171.8719
55	24.6503	41.3150	68.9139	114.4083	189.0591
56	26.1293	44.2071	74.4270	124.7050	207.9651
57	27.6971	47.3015	80.3811	135.9285	228.7616
58	29.3589	50.6127	86.8116	148.1620	251.6377
59	31.1205	54.1555	93.7565	161.4966	276.8015
60	32.9877	57.9464	101.2571	176.0313	304.4816

國民理財系列叢書

『國民理財』系列書號	書名	定價
Let's Finance ! — 1	因為敗家，所以理財	149 元
Let's Finance ! — 2	就拿3,000元，學買基金	149 元
Let's Finance ! — 3	就拿2,000元，學買股票	149 元
Let's Finance ! — 4	30分鐘報稅成功	77 元
Let's Finance ! — 5	0存款，就這樣買房子	149 元
Let's Finance ! — 6	不為孩子理財，要教孩子理財	149 元

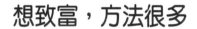

想致富，方法很多
找出適合自己的方式，很重要！

〔絕版好書，存書有限，欲購從速！〕

專案書號	書名	定價
Smart be rich — 1	看懂財報，做對投資	199 元
Smart be rich — 2	小家庭家計規畫書	129 元
Smart be rich — 3	愛理財家計簿	199 元

- 前請先來電（email）查詢，是否尚有您想要購買的圖書。
- 本公司交貨投遞一律經中華郵政（郵局）以普通函件方式投遞，不加收郵費。
- 付款方式：

  ATM轉帳：中華商業銀行仁愛分行（銀行代號：804），帳號：032-01-001129-1-00

  郵政劃撥帳號：19329140　　戶名：恆兆文化有限公司
- 連絡資訊：

  連絡電話：02-33932001　傳真：02-33932016　email：service@book2000.com.tw

  地址：100 台北市仁愛路二段7之1號4樓　恆兆資訊網 http://www.book2000.com.tw

國民理財
Let's finance

國民理財

Let's finance